杨立新　郭明瑞 ◎主编

《中华人民共和国民法典·继承编》释义

孙　毅　刘耀东 ◎编著

人 民 出 版 社

总　序

杨立新　郭明瑞

2020 年 5 月 28 日，第十三届全国人民代表大会第三次会议通过了《中华人民共和国民法典》(以下简称《民法典》)。这标志着启动 5 次、耗时 66 年、凝聚数代民法人心血与智慧的民法典编纂任务顺利完成。我国由此开启了全新的民法典时代。

这是一个具有重大历史意义的时刻。民法典作为社会生活的"百科全书"，规范和调整着社会经济生活与家庭生活的方方面面，并在此基础上深入而持久地型构、塑造着一个国家、民族、社会和人民鲜明的整体气质。作为新中国第一部以"法典"命名的法律，民法典是市民社会全体成员的"民事权利宣言书和保障书"，其始终以人为焦点，并以人的权利和自由为终极关怀。按照民法典生活，尊严就能够得到尊重，权利就能够得到实现，不仅在一生中生活得更加幸福，而且在其生前和死后都能够得到法律的保护。民法典是我国社会主义法治建设的重大成果，其奠定了民法作为市民生活基本法的地位，有利于从私权角度抵御公权力对公民生活的不当干预。民法典通过将社会主义核心价值观融入法律条文，彰显了鲜明的中国文化特色。作为新时代的法典，民法典紧扣时代脉搏，回应时代需求，体现时代特征。

民法典用法典化方式巩固、确认和发展了民事法治建设成果，健全和完善了中国特色社会主义法律体系。民法典的制定充分体现了中国共产党全心全意为人民服务的宗旨，体现了人民至上的理念。民法典的实施将助推国家治理体系和治理能力现代化迈上新的台阶，助推人民生活走上诚信、友爱、团结、奋进的正轨。民法典颁布后的次日，中共中央政治局就"切实实施民法典"举行第二十次集体学习,要求全党切实推动民法典实施:要加强民法典重大意义的宣传教育,讲清楚实施好民法典;要广泛开展民法典普法工作,将其作为"十四五"时期普法工作的重点来抓;要把民法典纳入国民教育体系,加强对青少年民法典教育;要聚焦民法典总则编和各分编需要把握好的核心要义和重点问题,阐释好民法典一系列新规定、新概念和新精神。

为此,人民出版社组织编写了《中华人民共和国民法典》释义系列丛书。丛书由全程参与民法典编纂的著名法学家担纲主编,汇集了国内相关领域的中青年学术骨干,本着积极勤勉的态度、求真务实的精神,按照民法典体例设立总则编(含附则)、物权编、合同编、人格权编、婚姻家庭编、继承编、侵权责任编七册。每册书按照法典章节顺序展开,各章先设导言以提纲挈领,然后逐条阐释条文主旨、立法背景、含义;力图做到紧扣立法原义,通俗易懂、深入浅出,既有利于广大读者掌握法律原义,指导日常生活的方方面面,形成和谐幸福的社会秩序;又可成为私权保障和社会责任实现的重要参考。

目　　录

前　言

　　《中华人民共和国民法典》于2020年5月28日经第十三届全国人民代表大会第三次会议通过,自2021年1月1日起施行。届时,《中华人民共和国婚姻法》《中华人民共和国继承法》《中华人民共和国民法通则》《中华人民共和国收养法》《中华人民共和国担保法》《中华人民共和国合同法》《中华人民共和国物权法》《中华人民共和国侵权责任法》《中华人民共和国民法总则》同时废止。我国于1985年通过并施行的《中华人民共和国继承法》历经35年后被《中华人民共和国民法典·继承编》所替代。

　　继承是自然人死亡后遗产传承的重要法律方式。对继承关系进行调整的法律规范的总和就是继承法律制度。继承制度与每个人、每个家庭甚至家族的利益都休戚相关。作为一个古老的制度,在人类社会漫长的发展过程中,继承制度从身份继承转变为财产继承。但仍以配偶、血亲、姻亲上的身份关系为纽带,呈现出财产法与身份法交错的特有品格。建立在潘德克顿法学体系上的《德国民法典》将继承单独成编,受德国法系的影响,继承编成为各国民法典不可或缺的组成部分。我国《民法典》也不例外,遵循继承制度独立成编的体例,将继承编置于婚姻家庭编之后。此种架构安排是因为婚姻家庭与继承在亲属身份关系上存在密切关联性。作为基础因素的身份关系以及制度之间的前后衔接,是此种逻辑体系的纽带。

　　从法律条文的数量看,域外各国民法典中,有关继承的法律条文数量普遍多于我国的《民法典·继承编》。例如,《阿根廷民法典》为595条;《法国民法典》为481条;《德国民法典》为464条;《意大利民法典》为313条;《葡萄牙民法典》为311条;《埃塞俄比亚民法典》为300条;《巴西民法典》为244条;《瑞士民法典》为184条;《日本民法典》为163条;《俄罗斯联邦民法典》为76条。我国《民法典·继承编》共计法律条文45条,比《中华人民共和国继承法》的37条增加了8条,但立法条文数量仍相对较少。这在一定程度上是受立法指导思想的影响,在我国《民法典·继承编》中只规定内容具有基础性、普遍性、稳定性的继承制度,规定比较宏观,因此,制度的细化还需要《民法典》之外的其他法律渊源合力完成。

我国《民法典·继承编》的法律条文,主要来源于《中华人民共和国继承法》及其相关的司法解释的规定。司法裁判中经实践检验的合理规则以及域外立法例和中外的继承法理论学说对《民法典·继承编》条文的形成也有很大影响。《民法典·继承编》共四章,分别为:一般规定、法定继承、遗嘱继承和遗赠、遗产的处理。条文的内容不仅涉及自然人死亡后发生的法定继承、遗嘱继承与遗赠等继承法调整的固有的法律关系,还涉及继承人以外的权利主体对遗产的权利与义务关系,如围绕遗产债务清偿、遗产酌分请求权而发生的法律关系等。

《民法典·继承编》的内容尊重我国的法律传统,充分保护遗嘱自由,在制度上保障继承权人、债权人等各方权利主体的利益,强调继承权男女平等,将养老育幼、保护弱者等中华传统美德融入其中,形成了具有中国特色的继承法律制度。本书针对具体法律条文进行逐条解读释义,以明确法律条文的内容和立法原义。制度不完整、规定有欠缺的部分,借助继承法原理和相关立法例加以填补,以期反映出我国继承制度的实际样貌,便于读者理解和应用。

本书由孙毅和刘耀东合作完成。全书由孙毅负责统稿。谨向人民出版社法律与国际编辑部洪琼主任表示衷心的感谢。

孙　毅

2020 年 6 月 6 日

第一章　一　般　规　定

　　《民法典·继承编》的第一章是"一般规定"。所谓一般规定,就是将贯穿于继承制度始终的基础性法律规范、法律概念以及基本原则等内容,提取出来统一加以规定的立法方式。一般规定中的内容通常比较重要,具有原则性、抽象性、贯穿适用性等特点,相当于继承编的总则,为其后的各章解决前提和价值取向方面的问题。《民法典·继承编》的一般规定共7条,主要涉及继承权及继承标的等继承的核心问题,内容包括继承编的调整对象、国家保护继承权原则、继承的开始、遗产、继承方式的适用顺序、继承和遗赠的放弃、继承权的丧失。其中,关于继承方式的适用顺序、继承和遗赠的接受与放弃的规定与《中华人民共和国继承法》中的规定基本相同。死亡时间推定规则是吸收了继承法司法解释的规定。本章规则的新变化有:(1)关于遗产范围的规定删去了列举部分,采取了纯粹的概括主义立法方式,立法意图是适应社会财富发展,扩大遗产范围。(2)增加了两项丧失继承权的事由,一是隐匿遗嘱,情节严重;二是以欺诈、胁迫手段迫使或者妨碍被继承人设立、变更或者撤回遗嘱,情节严重。(3)对丧失受遗赠权作出了明确规定。(4)对被继承人表示宽宥的事项和方式作出了规定。

　　第一千一百一十九条　本编调整因继承产生的民事关系。

释　义

　　本条是关于继承编调整对象的规定。

一、继承与继承制度的含义

继承的概念有广义和狭义之分。广义的继承是指自然人死亡后遗留的个人财产由他人承继的过程。狭义的继承是指自然人死亡后遗留的个人财产由其继承人承继的情形。狭义继承的主体只限于有继承权的法定继承人和遗嘱继承人,而广义继承中,承继遗产的人,不仅包括法定继承人和遗嘱继承人,还包括受遗赠人、酌分请求权人、遗赠扶养协议中的扶养人等。死亡时留有遗产的自然人称为被继承人。被继承人只能是自然人,法人或者非法人组织不能成为被继承人。被继承人因其已经死亡而不能成为继承法律关系的主体。继承编中所使用的继承的概念,有狭义也有广义,当依据具体文义识别。本条所阐明的继承编调整范围显然不局限于继承人继承遗产之情形,其所谓"因继承产生的民事关系"之内涵比因继承权而发生的继承关系要广泛。因此,应以广义继承解释之。

调整继承过程中产生的各种社会关系的法律制度就是继承制度。继承制度是以私有财产的保护为逻辑前提建立的法律制度。继承制度历史悠远,是民法的重要组成部分,现代各国立法均有关于继承的法律制度。

继承制度存在的意义在于:首先,避免产生无主财产,有序地完成财富传承。其次,尊重个人意思自治,贯彻遗嘱自由原则。再次,保护债权人的利益不因继承而被损害。最后,保障继承人、被扶养人等利益相关人的生活。

二、因继承所产生的民事关系

继承编的调整范围是因继承而产生的各种民事社会关系,经法律调整使其具有民事权利和义务的内容,成为民事法律关系。因继承而产生的民事关系是指未经法律调整之前的社会关系。

古代的继承以身份继承为主,近现代则以财产继承为主。我国民法典中的继承是对财产的继承。虽然继承权的发生须以婚姻、血亲、姻亲等身份关系为基础,但所继承之客体限于财产而不包括身份地位,因此,我国法律上的继承权属于财产权。因继承所产生的民事关系,只包括因自然人死亡而发生的财产移转关系。财产之外的被继承人的人格利益或身份利益需要由其近亲属保护的,不适用继承编的规定。遗嘱设定居住权的虽属于财产关系,但由于物权编已有规定,因此首先适用其特别法规定,未规定的相关问题依据继承编处理。

继承编调整对象的范围,是因继承而产生的各种民事关系。财产继承所产生的民事关系十分复杂多样,不仅涉及继承权关系,还涉及与继承有关的债权关系或物权关系。主要包括:法定继承人单独继承或者共同继承而产生的民事关系;因遗嘱而产生的继承关系;因遗赠而产生的民事关系;因遗赠扶养协议而产生的民事关系;非继承人酌分遗产的民事关系;遗产债务关系;遗产管理与遗嘱执行中产生的民事关系;遗产分割中的民事关系;遗产被侵占而发生的继承回复关系等。

三、调整继承关系的法律

新中国成立后,继承制度主要由最高人民法院的诸多司法政策调整。1985 年第六届全国人民代表大会第三次会议通过的《中华人民共和国继承法》(以下简称《继承法》),成为在《民法典》之前我国调整继承关系的重要法律。最高人民法院于同年出台了《关于贯彻执行〈中华人民共和国继承法〉若干问题的意见》(以下简称《继承法意见》),也是司法实践的重要依据。

《继承法》实施以来,中国社会完成了从计划经济到市场经济的转型。《继承法》制定时的社会背景逐渐消失,社会主义市场经济使经济生活方式发生了根本变革。人民生活水平提高,财富数量增多,遗产结构多元,继承纠纷复杂化。家庭结构和继承观念悄然发生变化,数字技术时代催生出新的遗产也改变着传统的遗嘱方式。继承制度需要随着时代的进步而变迁。反观《继承法》,条文数量较少、制度不够完善、规则不够具体、一些通行的成熟制度被遗漏等问题逐渐显现出来,关于继承人范围、遗嘱形式、遗产处理等的规定也不能很好地回应时代变迁所带来的各种问题,亟须对继承法律制度进行完善。《民法典·继承编》共计 45 条,与《继承法》相比,条文数量增加了 8 条。其中,未实质修改而保留下来的《继承法》条文有 19 条,其余 18 条则有不同程度的修正。新增加的制度有遗产管理人制度、打印遗嘱和录像遗嘱。删除了公证遗嘱效力优先的规定。以下制度被修正:继承权的丧失、代位继承人的范围、遗产酌分请求权、遗嘱见证人的资格、遗嘱的撤回与变更、法定继承的适用情形、遗赠扶养协议扶养人范围、无人继承遗产归国有后的用途。以下制度被从司法解释吸收进法律中:同一事件死亡时间的推定、转继承、遗产对税款与债务的清偿、遗产用以债务清偿的顺序。总体统计,《民法典·继承编》对《继承法》的修订达到了继承编制度总数量的 1/3,是我国继承法律制度完善的重要里程碑。由于条文数量的限制,继承编中的诸多规定还比较概括,一些重要的继承制度没有进入《民法典》中,如概括继承、共同继承、继承回复请求权、夫妻共同遗嘱、替补继承人制度、后位继承制度、特留份制度、遗产清算程序等。将来有条件时还可以进一步完善。

第一千一百二十条　国家保护自然人的继承权。

释　义

本条是关于保护继承权原则的宣示性规定。

一、本条属于法律原则的宣示性规定

本条的内容不属于法律规范,而是对国家保护自然人继承权这一基本立场的宣示。与法律规范相比,本条缺乏行为模式和法律后果这些构成法律规范的基本要素。作为继承制度的基本原则,本条在以往的法律中一直有所规定。如《继承法》第 1 条立法目的有"为保护公民的私有财产的继承权,制定本法"的规定。《民法通则》第 76 条规定"公民依法享有财产继承权"。《民法总则》第 124 条规定"自然人依法享有继承权。自然人合法的私有财产,可以依法继承"。虽然是宣示性规定,但其明确了私有财产的继承受国家保护的立场,具有十分重要的意义。很多民事判决都会引用此宣示性规定作为说理依据。

二、保护继承权原则的含义

继承权是指继承人所享有的继承被继承人遗产的权利。[①] 虽有反对观点,但学界通说认为,在继承开始前,继承权体现为将来可以继承被继承人遗产的地位,称为继承期待权。在继承开始后,继承权体现为基于继承人的身份可以取得遗产的权利,称为继承既得权。由于继承权是基于婚姻、血亲或姻亲关系而产生,因此继承权的主体,限于自然人。保护继承权原则不仅保护继承

---

① 刘春茂主编:《中国民法学·财产继承》,中国人民公安大学出版社 1990 年版,第 123 页。

既得权,也保护继承期待权;不仅保护已出生自然人的继承权,也保护胎儿的继承权。不仅保护遗嘱继承人的继承权,也通过必留份制度保护法定继承人。当继承权受到不法侵害时,有权获得法律救济。

三、保护继承权原则的意义

继承编只规定国家保护自然人的继承权,而未明确规定保护与继承有关的其他权利人的合法权利,应理解为与继承有关的其他权利也同样受到保护,只是无须作为继承法的基本原则而进行宣示性规定。理由在于:继承权、受遗赠权、遗产酌分权虽然都是使私有财产得以传承的制度保障,但自然人的继承权始终是适用比例最高、最重要的部分。自然人的继承权既是狭义继承的基础,又是广义继承的核心。继承权具有其他权利无法代替的法律功能与社会功能。《中华人民共和国宪法》(以下简称《宪法》)第13条第2款规定:"国家依照法律规定保护公民的私有财产权和继承权"。只要国家保护个人私有财产,就必须保护继承权,《宪法》的该条规定反映出其逻辑的必然性。从社会功能看,保护继承权,有利于维护我国社会主义经济基础,也有利于维护家庭职能,密切亲属关系。由于《宪法》条文不能在民事裁判中直接援引作为依据,因此,有必要在《民法典》中规定保护继承权的条文,以此作为对《宪法》中"依照法律规定"的呼应。

《民法典·总则编》第124条"自然人依法享有继承权。自然人合法的私有财产,可以依法继承",是关于自然人享有继承权之规定;而本条是继承编关于国家保护继承权这一基本原则的规定。两条文之间赋权与权利保护之私法功能相得益彰。

第一千一百二十一条 继承从被继承人死亡时开始。

相互有继承关系的数人在同一事件中死亡,难以确定死亡时间的,推定没有其他继承人的人先死亡。都有其他继承人,辈份不同的,推定长辈先死亡;辈份相同的,推定同时死亡,相互不发生继承。

释 义

本条是关于继承开始的原因、时间和死亡顺序推定的规定。

一、继承开始的原因与时间

继承从被继承人死亡时开始,既是学理通说也是各国立法的通例。《民法典·继承编》亦采此规则。本条第 1 款中的"被继承人死亡"是继承开始的原因,包括自然死亡和宣告死亡两种情形。自然死亡即生理死亡,宣告死亡即对失踪人的推定死亡。《民法典·总则编》第二章第三节对自然人宣告死亡做了专门的规定。就引起继承开始而言,宣告死亡和自然死亡的法律效果并无差异。

继承开始的时间具有重要的法律意义。

1. 继承开始的时间属于强制性规范,不因遗嘱或者合同而排除其适用。即法律不认可对尚生存的人进行财产继承,也不存在自然人死亡后仍作为遗产权利主体而不发生继承的情形。即使作为遗产的房屋等不动产仍登记在死者名下,其权利也因继承开始而发生概括移转。

2. 继承开始时,遗嘱发生效力。遗嘱是立遗嘱人死亡时发生效力的单方法律行为。继承开始前,符合法律规定的遗嘱虽成立但不发生效力。遗嘱继承人或者受遗赠人并不可因遗嘱而主张权利。

3. 继承开始时,遗嘱继承人或者无遗嘱场合的顺位在先的法定继承人的继承期待权转变为继承既得权。继承人在继承开始后享有主张取得遗产的现实权利。

4. 继承开始时,被继承人遗留的财产发生概括继承的法律效果。继承人于继承开始时概括承受被继承人财产上的权利和义务。

5. 放弃继承权的法律效果溯及至继承开始之时。已经放弃继承的人,在继承关系中视为自始即非继承人。其继承期待权自继承开始就没有转化为继承既得权,从而也不承担继承人的各项义务。

6. 继承开始的时间是确定遗产范围的时间标准。遗产是自然人死亡时存在的合法财产,若自然人死亡时财产已经被生前处分而不存在的,原则上不是遗产,但有的国家有归扣或扣减的例外规定。继承开始后取得的财产原则上不属于遗产,但法律另有规定的除外。如死亡保险金没有指定受益人的,按照法定继承办理。

7. 继承开始的时间是确定继承人资格的时间标准。在继承开始时已经出生的人,有继承能力。但需要为尚未出生的胎儿保留遗产份额,是例外的保护性规则。继承开始时夫妻关系存续的配偶才能作为继承人。继承开始时被宽宥的继承人不丧失继承资格。

8.继承开始时间对代位继承和转继承的判断产生影响。被继承人的子女、兄弟姐妹若在继承开始前已经死亡的,适用代位继承的规定;若继承人于继承开始后,遗产分割前死亡,并没有放弃继承的,适用转继承的规定。

9.在有些国家的立法例中,遗产分割的法律效果溯及至继承开始之时。如日本、韩国、法国、葡萄牙等。我国法律对此没有规定。

二、继承开始的法律效果

继承开始后,遗产上的权利和义务发生移转,但究竟如何移转,在立法例上有间接继承主义和概括继承主义之分。英美法系采间接继承主义立法模式,也称剩余财产交付主义。① 在间接继承主义立法模式中,被继承人死亡后遗留的财产构成一个遗产财团。由遗产管理人按照法定遗产信托进行管理,在清算并清偿遗产债务后,剩余的遗产分配给继承人或为继承人利益而设信托,继承人始获得遗产上的权利或信托利益。间接继承理论与英美法系的信托传统相契合。其遗产信托的双重所有权结构与大陆法系抽象、绝对的所有权理论结构不一致,很难被我国直接采用。大陆法系诸国,除奥地利②外,德国、瑞士、日本等普遍采用遗产的概括继承主义。所谓概括继承主义,是指继承人在继承开始的瞬间概括承受被继承人财产法上的法律地位,而不是直接承受具体的权利或义务。而且对法律地位的承受是整体的。③ 由于该概括承受是基于法律的规定,无须继承人作出承认继承的意思表示而当然发生,所以亦称为当然继承主义。

《民法典·继承编》没有明确规定我国继承开始后采概括继承主义的立场,但《民法典·物权编》第230条规定:"因继承取得物权的,自继承开始时发生效力"。基于对法律的体系解释,并结合我国继承法理论通说,我国属于概括继承主义立法。因继承而概括承受的不限于物权,也可以是债权、知识产权甚至债务,因此,继承开始时除物权变动有明确规定外,其他权利与义务的概括承受可以类推适用。

---

① 参见戴炎辉等:《中国继承法》,(台湾)三民书局2013年版,第150页。
② 因奥地利法院于继承开始后介入对遗产的保护与监管,法院交付遗产给继承人后遗产始归属于继承人,学者称之为法院交付主义。
③ [日]远藤浩等:《新版民法(9)继承》,有斐阁1981年版,第57页。

虽然《民法典·物权编》第 230 条规定因继承取得物权的,自继承开始时发生效力,但由于继承开始后,遗产并没有分配给具体继承人,也有可能会有继承人放弃继承,继承人全体中的成员将随着选择权的行使、继承权丧失与否的确定而变化。所以,近代法上的概括继承主义已经不同于罗马法不允许放弃继承权的家内继承人必然继承主义。此时的物权仅是一个过渡阶段的暂定状态,而不是确定的状态。无论是继承人全体还是遗产上的权利与义务整体,都有变化的余地。尤其在有多个继承人共同继承时,继承开始时,是由继承人全体概括继承遗产上的权利与义务。当遗产分配于继承人或交付于受遗赠人、遗赠扶养协议的扶养人、遗产酌分请求权人时,始取得单独的权利。在取得单独权利之前,概括继承的权利主体具有团体性,即只有“继承人全体”才是遗产上的权利和义务的主体。试举一例,说明概括继承主义立法如何解释继承中的权利变动。甲死亡,遗产是一处房屋和两辆汽车。乙和丙是继承人,丁是受遗赠人。继承开始的时间是 4 月 1 日,该日乙和丙概括继承一处房屋和两辆汽车上的权利和义务。5 月 1 日乙和丙将甲遗赠给丁的房屋过户登记给丁,丁于 5 月 1 日取得房屋所有权。6 月 1 日乙和丙分割两辆汽车,一人一辆,溯及至 4 月 1 日分别享有对汽车的单独所有权。

在立法上确立概括承受主义具有重要的法律意义。其功能在于:明确继承中权利取得的时间点;避免继承开始后遗产分配前出现财产无主的状态;具有维护继承过程中遗产上的权利归属抽象统一的逻辑功能;表明了继承权的本质是继承人概括承受遗产上权利和义务之地位并最终取得遗产的权利。共同继承、转继承、遗产分割效力的溯及力、继承人放弃继承效力的溯及力、继承回复请求权等规则,都受概括继承主义立法选择的影响。

三、继承开始的地点

《意大利民法典》《埃塞俄比亚民法典》等在规定继承开始时间的同时规定继承开始的地点。继承开始的地点有确定管辖和遗产价值评估标准的作用。由于我国《民事诉讼法》关于遗产继承案件管辖已有规定,即“因继承遗产纠纷提起的诉讼,由被继承人死亡时住所地或者主要遗产所在地人民法院管辖”,因此《民法典》无须对继承开始的地点再做规定。遗产价值评估中的不动产以所在地价格作为基准,不动产所在地一般也是确定管辖的标准,两者是统一的。个别动产不在管辖法院所在地范围的,评估时管辖法院依据实际情况确定评估基准地即可,因此没有必要为不确定发生的遗产价格评估专门规定继承开始的地点。

四、死亡顺序的推定

本条第 2 款的内容是关于死亡时间的推定。最初规定在《继承法意见》中,因其具有重要的实践意义而被民法典所吸收。本规定与《俄罗斯联邦民法典》第 1134 条、《法国民法典》第 725-1 条、《埃塞俄比亚民法典》第 832 条等类似立法例相比,规定得更细致明确,具有合理性和可操作性。首先,该款属于法律推定,因此数人同一事件中死亡,若可以确定死亡时间的应当以实际死亡时间为准。其次,难以确定死亡时间的,推定没有其他继承人的人先死亡,使有其他继承人的人能够继承遗产之后再传承给其生存继承人,避免因规则而引起无人继承遗产的出现。再次,如果都有其他继承人,则依据辈份从高到低推定死亡时间,既遵循了自然规律,也避免了遗产的逆向继承。最后,如果辈份相同且各自均有继承人,则推定同时死亡,相互不发生继承,遗产由各自的继承人分别继承。

例如,A、B 是夫妻,生有一子 C。C 与前妻生有一子 D,后 C 与 E 再婚,有形成扶养关系的继子女 F。因一次交通事故导致 A、B、C、E 当场死亡。A、B 父母此前均已去世。D 为了全部继承 A、B 的两处房产而起诉 F 和 E 的父母 G、H。[①] 本案中,A、B 是夫妻,C、E 是夫妻,AB 是 C 的父母,上述四人一同出车祸死亡,应推定 A、B 先于 C、E 死亡。而 C 和 E 辈份相同推定为同时死亡。A 与 B 的两处房产作为遗产由 C 继承,成为 C、E 的夫妻共同财产,对其分割后,分别作为 C 和 E 的遗产,由各自的继承人继承。C 和 E 辈份相同被推定为同时死亡,互相不发生继承。C 的遗产由 D、F 继承,E 的遗产由 F 继承,本案的 G、H 放弃继承。

所谓"其他继承人"是指需要推定死亡时间先后的两个死者之外有无继承人。需要推定死亡时间的先后的两个死者之间互为继承人的不属于有其他继承人。否则就会陷入逻辑循环。其他继承人可以是生存的继承人,也可以是已经在该事故中死亡的继承人。试举例说明:A 与两个儿子 B、C 沉船溺水死亡,A 和 B 均无配偶,C 有配偶 D 但未育子女。A 和 B 的死亡时间如何推定

---

① 参见攀枝花市中级人民法院(2018)川 04 民终 385 号,刘维轩、刘某、宋某 1 继承纠纷二审民事判决书。

涉及对"其他继承人"如何理解的问题。A 和 B 互为继承人,但不属于其他继承人的范畴。A 另有第一顺序继承人 C,B 也另有第二顺序继承人 C。因此属于都有其他继承人的情形,推定长辈 A 先死亡,B 后死亡。同理也可以确定 A 先于 C 死亡。该前提确定后,B 和 C 之间比较时,C 另有其他继承人 D,B 没有其他继承人,因此,B 先于 C 死亡。可见,如何理解"其他继承人"是本条第 2 款适用的关键。

《中华人民共和国保险法》第 42 条第 2 款规定:"受益人与被保险人在同一事件中死亡,且不能确定死亡先后顺序的,推定受益人死亡在先。"依据此规定确定的死亡顺序,只适用于人身保险金作为被保险人的遗产的特殊情形,属于本条的特别规定,本条属于一般性规定。对于保险金之外的遗产继承,仍适用本条的规定,因此两者不存在冲突。

第一千一百二十二条　遗产是自然人死亡时遗留的个人合法财产。

依照法律规定或者根据其性质不得继承的遗产,不得继承。

释　义

本条是关于遗产的概念与范围的规定。

一、遗产的概念

关于遗产的概念有两种对立的理解。一种理解为积极财产说。认为:被继承人死亡时所遗留的积极财产为遗产。[1] 遗产仅仅是"继承标的"的属概念。继承标的是遗产的上位概念,继承标的除了遗产之外,还包括消极财产即遗产上的义务,可以是公法上的义务如纳税义务,也可以是私法上的义务如遗产债务。另一种理解为一切财产说。认为:遗产不仅包括积极财产,也包括消极财产。[2] 采用剩余财产交付主义的英美法系国家,必须先经过清算程序清

---

[1]　参见林秀雄:《继承法讲义》,(台湾)元照出版公司 2012 年版,第 151 页。

[2]　参见[德]安雅·阿门特·特劳特:《德国继承法》,李大雪等译,法律出版社 2015 年版,第 14 页。

偿被继承人的债务后,始发生遗产分配,因此遗产只能是积极财产。而主张一切财产说的国家,继承立法中一般使用的是继承标的的概念,作为概括继承的客体,其习惯于将遗产理解为包含消极财产,《德国民法典》即是代表。究竟遗产的概念采用何种学说,与该国实证法体系有密切关系。

我国从《继承法》到《民法典》,均未使用继承标的、概括继承等概念,而是一直使用遗产这一概念,法律体系有别于德国法。从《继承法》第3条的规定看,其所列举的遗产均为积极财产,遗产债务等消极财产则另有条文规定。《民法典·继承编》虽然删去对积极财产的具体列举,但体系结构没有变化。因此,我国法律体系的遗产概念应采用积极财产说。另从功能主义的角度,作为积极财产的遗产与遗产债务性质有别,法律调整方式也不同,错将两种性质不同的事物统一于遗产概念中,则多有不妥。例如,遗产可以分配,而遗产债务则不能像积极财产那样分配。由于我国同时采用限定继承制度,遗产债务不能脱离遗产而单独分配。遗嘱可以对遗产进行处分,但对于遗产债务则不能经遗嘱处分。遗嘱若将遗产分给继承人甲而将遗产债务分给继承人乙,则违反限定继承的规定。而且,《民法典·继承编》第1161条规定"继承人以所得遗产实际价值为限清偿被继承人依法应当缴纳的税款和债务",这一表述本身就已经在逻辑上表明,遗产和遗产债务在我国的法律上是不同的概念。

二、遗产的特征

(一) 遗产的财产性

遗产必须是被继承人遗留的财产性权利。财产权利之外的人身权利或利益不能作为遗产继承。冷冻人类胚胎在我国实务案例中因法律属性不明确,也仅判决监管,没有判决可以继承。死者人格利益的保护,也不由继承编调整。人格商品化之权益可否作为遗产继承,则是今后的课题,目前尚没有结论。

(二) 遗产的时间性

所谓遗产的时间性是指遗产于自然人死亡而遗留财产时产生。自然人生存时的个人财产不是遗产,不能被主张继承。生前已经处分或灭失的财产原则上不属于遗产。继承开始后,财产损毁灭失的补偿如保险金,或产生的孳息以及因生前民事法律行为而取得的收益,属于遗产。

被继承人在继承开始前以对继承人赠与的方式损害债权人利益的,债权人可以主张撤销权。继承中的债权人撤销权与合同编之债权人撤销权不同之处在于,继承中的撤销非为取回赠与之财产,仅是继承人为了承担限定责任,确定所得遗产数额的一种计算方法。自然人死亡后,基于其他法律事实而产生的财产,不属于遗产。如职工死亡后受其供养亲属从工伤保险基金中领取的抚恤金不属于遗产。

(三)遗产的私有性

遗产必须是被继承人私有的财产。夫妻共有或者家庭共有的财产,需要先进行析产,确定死者独立私有的部分才可以作为遗产。若非死者私有的财产,如他人的财产或公共财产,不能作为遗产。私有性依据被继承人生前对该财产享有权利或享有受保护的利益来判断。个人享有的所有权、债权、知识产权等私权可以成为遗产,对物的占有可以作为受保护的利益而成为遗产。作为例外,虽符合遗产的属性,但依据法律或其性质而不能由他人继承的,不得继承。

(四)遗产的合法性

《民法典·继承编》延续了《继承法》的传统,规定遗产应当是个人合法财产,强调了遗产的合法性。然而,合法性具有民事合法性、行政合法性、刑事合法性、合宪性等多重含义。遗产的合法性究竟如何理解,理论和实践上一向存在分歧。有学者主张凡死者遗留的一切私有财产均可为遗产。亦有观点认为如果需要在诉讼中由人民法院评价遗产的合法性,则不仅增加举证负担而且合法性的评价也超出了法院的职权范围。更何况遗产继承属于私人活动,若无纠纷不经过诉讼程序,司法机关无从对其合法性进行审查。对遗产的界定完全抛开合法性或者过分强调合法性的观点都有失偏颇。应当对其正确理解和运用。

遗产的合法性是指私权的民事合法性,即遗产归属于被继承人享有这一状态是合法的。私权归属以外的其他事项的合法性,不影响遗产的确定。

遗产作为个人合法财产首先是具有民事合法性。即对财产上的权利不违反法律的强制性规定、不违背公序良俗。由于被继承人生前对其个人财产享有私权,所以通常都会符合合法性要求,无须特别举证证明。被继承人个人财产可推定为个人合法财产。但若有相反事实足以否定其对财产归属有合法权利的除外,例如,枪支弹药、毒品等依法禁止持有之物,可评价为不具有合法性。来源不明的财产、审批手续不全之建筑、有可能是非法所得的财产等,须经有权机关认定并作出没收、拆除等剥夺私权的决定后,才不作为遗产。若仅仅是没有满足行政管理的要求,如房屋审批手续不全、或机动车没有登记并取得牌照等,此类合法性的欠缺与私权归属无关,不可以因此否定其为遗产。例如,在江某、罗某与李某甲、李某乙、李某丙法定继承纠纷案件中[①],一审法院的判决认为:"双方诉争的死者李华阳于 2007 年 12 月 15 日在宜宾市翠屏区象鼻镇十里村新光组修建的面积(388.08+7.7)㎡ 房屋,双方均未提供该房的正常报建手续,亦未提供该房屋的土地使用权证和产权手续,是否属于死者李华阳生前遗留的合法财产,法院无法核实,故无法将该房屋纳入遗产范围予以分割"。仅仅因为诉讼当事人没有举证报建手续和产权手续即不纳入遗产范围,是混淆了行政管理的合法性和私权归属的合法性。二审法院修正了理由,承认该房屋为遗产,但认为"由于本案中双方均未提供该房的合法报建手续,该房也未取得土地使用权证和房屋所有权证,房屋面积未经有权机关确认,故本院无法确认李华阳在该房屋中所占的面积,也无法进行分割"。

三、遗产的范围

(一) 遗产范围的立法方式

本条对遗产范围的规定,没有采用《继承法》的概括加列举的方式,而是删去了列举项,改为除外规定。因为:

1. 遗产是自然人死亡时遗留的个人合法财产,该规定是关于遗产范围的一般性规定,原则上遗产包括符合这一规定的一切财产,没有正面列举的必要。

2. 由于遗产内容日益多样,新型财产不断增加,立法上无法完全列举,容易造成法律的迟滞。

3. 有一些新型的财产能否作为遗产,目前没有形成结论。也有一些财产会随着国家法治的变化,被吸收进遗产的范畴或被排除,如果频繁修改会影响民法典的安定性。

4. 列举的方式对社会问题的回应性较强,而抽象概括加除外规定则有利于增加《民法典》对社会变迁的适应性。

---

① 参见宜宾市中级人民法院(2015)宜民终字第 146 号二审民事判决书。

（二）自然人死亡时遗留的个人合法财产原则上都可以成为遗产

遗产可以是生活资料也可以是生产资料。房屋、林木、牲畜、储蓄、有价证券等不动产或动产的所有权、财产给付之债权、知识产权中的财产权利、股权、合伙份额、海域使用权、社保个人账户的余额、信托受益权等都可以作为遗产继承。担保物权具有从属性，依据"从随主"原则，可以随债权继承。由于《民法典·继承编》采用概括立法模式，遗产范围得以扩张。符合本条关于遗产规定的用益物权和占有也可属于遗产。其中，地役权作为从物权，随主权利而发生继承。建设用地使用权可以成为遗产，但其主体通常不是自然人，从而在事实层面上影响其成为遗产。自然人享有的土地承包经营权、土地经营权、宅基地使用权符合本条规定的均可成为遗产。但《民法典》第369条规定居住权不得继承。其实，居住权自居住权人死亡时消灭，不属于遗产，当然不发生继承问题。

人身保险的被保险人死亡后，没有指定受益人的，或者受益人指定不明无法确定的；受益人先于被保险人死亡，没有其他受益人的；受益人依法丧失受益权或者放弃受益权，没有其他受益人的，依据《中华人民共和国保险法》第42条的规定，保险金作为遗产。

遗体、骨灰、灵牌等具有特殊伦理性的物，仅以安葬祭奠悼念为目的而承认其为遗产。互联网中的数字虚拟财产，如电子商务网店等，具有财产属性，可以作为遗产，但专属性的或涉及被继承人个人信息、隐私权保护的部分，就其性质而言不属于遗产。

（三）不得继承的遗产

依照法律规定或者根据其性质不得继承的遗产，不得继承。这是在承认其属于遗产的基础上，对可继承性的排除规定。这是《民法典·继承编》的一个新规定。是对遗产范围扩张后的一个限定。

不得继承的遗产须由法律规定，由于涉及自然人的基本民事权利，因此不能由法律之外的其他规范性文件规定。例如，依据《中华人民共和国公司法》第75条，自然人股东死亡后，公司章程另有规定的，股东资格虽属于遗产但不能继承。依据《中华人民共和国农村土地承包法》第32条第2款、第54条的规定，林地承包的承包人死亡，其继承人可以在承包期内继续承包而不是按继承办理。同样，通过招标、拍卖、公开协商等方式取得土地经营权的，该承包人死亡，其应得的承包收益依法继承；而土地经营权在承包期内，其继承人可以继续承包。其虽然符合遗产的特征,但由于法律规定而不按继承处理。

根据其性质不得继承的遗产是指具有人身专属性的财产权利或者以特别信任关系为前提的财产权利。例如,《最高人民法院关于审理人身损害赔偿案件适用法律若干问题的解释》规定,精神损害抚慰金的请求权,不得让与或者继承。但赔偿义务人已经以书面方式承诺给予金钱赔偿,或者赔偿权利人已经向人民法院起诉的除外。再如司法实践中认为,死亡赔偿金是基于死者死亡对死者近亲属所支付的赔偿。获得死亡赔偿金的权利人是死者近亲属,而非死者。故死亡赔偿金不认定为遗产。此外,基于扶养费给付请求权、退休金、养老金、抚恤金、人身伤害赔偿请求权等权利具有人身专属性,不得继承。

第一千一百二十三条 继承开始后,按照法定继承办理;有遗嘱的,按照遗嘱继承或者遗赠办理;有遗赠扶养协议的,按照协议办理。

释 义

本条是关于继承方式的适用顺序的规定。

一、遗嘱继承或者遗赠优先于法定继承

遗嘱继承是指遗嘱人通过设立遗嘱将其财产留给法定继承人范围内的继承人继承的方式。遗赠是指遗嘱人通过设立遗嘱将其财产赠与法定继承人以外的人并于死后生效的方式。法定继承也称无遗嘱继承,是指按照法律规定的继承顺序和份额将遗产移转给继承人的继承方式。

《民法典·继承编》将法定继承规定置于遗嘱继承和遗赠之前,但在法律效力上,遗嘱继承和遗赠优先于法定继承。《民法典》编纂过程中,很多学者建议将法定继承置于遗嘱继承之后,认为现有体系安排,不但有损于遗嘱继承的优先地位,易于引起民众忽视遗嘱继承,而且有悖于民事立法体系化、科学化的基本原则。[①] 此观点不无道理,但《民法典》将法定继承的规定前置于继

---

① 参见孙骥韬:《论遗嘱制度在〈民法典·继承编〉中的体系定位》,《学习与探索》2019 年第 9 期。

承编的第二章,这主要是考虑到,法定继承是继承中的常态,而遗嘱继承是继承中的特殊现象,且法定继承制度中的很多规则都要被遗嘱继承制度所援引。遗嘱继承制度至少要援引法定继承制度中有关法定继承人范围的规定。[①] 法定继承是作为没有遗嘱继承或遗赠时,确保继承得以完成的补充规则而存在的。继承开始后,如果被继承人留有遗嘱,则按照遗嘱继承或者遗赠办理,只有在没有有效遗嘱时才按照法定继承办理。遗嘱继承人依遗嘱取得遗产后,仍有权依法定继承的规定取得遗嘱未处分的遗产。

遗嘱继承或者遗赠优先于法定继承是遗嘱自由原则的体现,以民法意思自治基本原则为理论基础。遗嘱继承或遗赠,直接体现被继承人的意思,对于被继承人财产权利的处分更加便利。例如,可以在遗嘱中明确将网络虚拟财产给予他人继承,而绕开网络虚拟财产因可能涉及被继承人隐私或个人信息而排除在遗产之外的法律风险。法定继承虽然形式上是表现为立法者的意志,但其规则也源自对被继承人意思的假定,这是法定继承的伦理性基础。不过没有遗嘱继承那么直接。如果遗嘱继承或者遗赠的方式不优先于法定继承,将使遗嘱继承或者遗赠制度失去实际意义。

二、遗赠扶养协议的效力优先

遗赠扶养协议是指被扶养人与扶养人签订的,由扶养人承担对被扶养人生养死葬的义务,而由被扶养人承担将其个人合法财产于其死亡后遗赠给扶养人的义务的协议。

遗赠扶养协议是双务有偿的双方法律行为,是生前订立并生效的合同,而遗嘱继承和遗赠属于立遗嘱人死亡后生效的单方法律行为,两者在性质上截然不同。扶养人基于遗赠扶养协议而取得遗产是被扶养人生前负担的合同义务。对于扶养人而言,是基于权利与义务相一致原则有偿取得的权利。继承开始后,此权利对应的是其他继承人或遗产管理人向其交付遗产的义务。遗赠属于被扶养人死亡后生效的单方死因处分,且受遗赠人属于无偿取得。遗赠扶养协议中的受遗赠本质上是对协议的履行行为,获得遗赠的权利是基于对价而有偿取得,因此其效力优先于遗赠和法定继承。

遗赠扶养协议的效力优先意味着被继承人生前与他人订有遗赠扶养协

[①] 魏振瀛主编:《民法》,北京大学出版社2007年版,第611页。

议,同时又立有遗嘱的,继承开始后,如果遗赠扶养协议与遗嘱没有抵触,遗产分别按协议和遗嘱处理;如果有抵触,按协议处理。例如,甲立遗嘱将个人财产房屋一处指定由继承人乙继承。如果甲还和扶养人丙另有遗赠扶养协议,约定丙尽到生养死葬义务,甲死亡后将该房屋赠给丙。则无论遗赠扶养协议订立于遗嘱之前还是之后,遗赠扶养协议的效力均优先于遗嘱,丙取得该房屋。

《继承法意见》第 5 条中规定,与遗赠扶养协议抵触的遗嘱全部或部分无效。虽有维护遗赠扶养协议效力优先的用意,但遗赠扶养协议效力优先并不必须以否定遗嘱效力为必要,否则会产生负面效果。其一,遗赠扶养协议若因扶养人的原因未被履行,被扶养人若未解除该协议,则遗赠扶养协议订立后新立的遗嘱因存在遗赠扶养协议而无效,影响遗嘱自由。其二,若遗赠扶养协议因扶养人原因未被履行,遗赠扶养协议订立之前所立的遗嘱无效,也违背被扶养人的生前意愿。因此,遗赠扶养协议效力优先的原则,并不必然得出被扶养人所立遗嘱无效的结论,仅是因为遗赠扶养协议效力优先而使遗嘱的效力被抑制,而无从发生效力而已。若遗赠扶养协议解除或因扶养人的原因未被履行,遗产仍应按照遗嘱继承或遗赠办理,不能跳过遗嘱直接适用法定继承。

第一千一百二十四条 继承开始后,继承人放弃继承的,应当在遗产处理前,以书面形式作出放弃继承的表示;没有表示的,视为接受继承。

受遗赠人应当在知道受遗赠后六十日内,作出接受或者放弃受遗赠的表示;到期没有表示的,视为放弃受遗赠。

释 义

本条是对继承和遗赠的接受与放弃的规定。

继承的接受与放弃,是指继承人于继承开始后作出的承认或放弃继承的意思表示。继承的接受与放弃和遗产的移转方式即继承的样态密切相关。

关于遗产的移转方式立法例上有四种模式:

一是当然继承主义。此种立法例也称之为"直接继承主义",即继承一经开始,被继承人财产上之一切权利义务(积极财产和消极财产),当然概括移转于继承人,不必继承人为接受继承的意思表示,更无须各别地履践移转之手续,亦即不以继承人的意思为其取得遗产的必要条件。所谓"当然"者,不问继承人为谁;不问该继承人知悉继承开始事实与否;也不问继承人"有无"将要承受继承财产之意思表示。只要被继承人死亡,立即开始继承,而继承财产上的一切法律关系,即同时由被继承人移转于继承人。所以在此种立法主义下,继承的承认,仅具消极意义,即维持原已发生的效力。至于继承的放弃,则须有继承人的积极表示,始能发生不为继承之效力且为谋求时间上的连续,放弃继承之效力溯及于继承开始时。

二是承认继承主义。于此种立法例,继承财产并不因被继承人的死亡而当然地归属于继承人,须继承人为接受继承的意思表示后,始发生归属之效力。所以在承认继承主义下,继承的承认便具有积极意义,而继承的放弃则具有消极意义。同时,为谋求时间上的连续,继承的承认具有溯及效力。如继承人在规定期限内没有接受继承的,即视为放弃继承。因接受继承的表示溯及至继承开始时发生效力,故遗产实际上也是从继承开始时即转归继承人,只是其并非当然地移转于继承人。

三是法院交付主义。此种立法例认为,在继承人接受遗产之前,遗产被视为仍由死者占有。遗产须因法院之裁定而将其交付于继承人时,始发生归属继承人之效力。故继承的接受,系积极请求交付遗产的意思表示。奥地利民法即采此立法例,根据《奥地利民法典》第797条的规定,遗产要先通过一个法院程序(遗产认证程序)进行确认,然后才能转移给继承人。

四是剩余财产交付主义。此为英国法所采,即继承一开始,尤其是共同继承开始时,遗产并不直接移转于继承人,而是必须选任遗产管理人(受托人),并将遗产委诸此人,令其清算遗产,故遗产管理人须作成遗产目录,而后清偿继承债务,并受领继承债权之清偿后,始将剩余财产按应继份分配给继承人。此种立法例,须有遗产管理人之移转行为,继承人始能取得遗产。故继承的接受,乃行使剩余财产交付请求权。

因此,依当然继承主义,继承开始后,无须继承人作出接受继承的意思表示,遗产直接归继承人所有。而按照承认继承主义,则只有在继承人作出接受继承的意思表示后,遗产始归继承人所有,同时继承的接受溯及于继承开始时发生效力。故在继承人接受继承后,其也是自继承开始之日遗产归属于继承人所有。同样,法院交付主义与剩余财产交付主义,遗产也并不是直接归属于继承人,更待继承人行使交付财产的请求权。我国继承法对此一直采当然继承主义,因此继承人接受继承无须积极地作出接受继承的意思表示,但如要放弃继承则须以明示的方式作出放弃继承的意思表示。

本条基本沿用了《继承法》第25条的规定,即区分继承人和受遗赠人对继承与受遗赠的接受与放弃作出了不同的规定:就继承人而言,其放弃继承必须以明示的方式作出放弃继承的意思表示,本条第1款较之于《继承法》第25条对继承人放弃继承的表示方式作出了明确的规定,系"书面形式"。故只要继承人未以书面形式明确表示放弃继承的,即视为其接受继承。但应注意的是,在诉讼中,继承人向人民法院以口头方式表示放弃继承的,要制作笔录,由放弃继承的人签名。上述情形也应当解释为"书面形式",或为"书面形式"的具体化。而对于受遗赠人,其接受或放弃受遗赠的表示必须以明示方式作出,但本条并未明确要求受遗赠人作出接受或放弃受遗赠表示的方式,故受遗赠人以口头形式或书面形式作出表示均可。同时,本条对继承人放弃继承与受遗赠人接受或放弃受遗赠规定了法定期间,即继承人放弃继承的表示须于遗产处理前作出,否则即视为接受继承;受遗赠人作出接受或放弃受遗赠的表示须于知道受遗赠后的60日内,否则即视为放弃受遗赠。

继承的接受与放弃属于有相对人的单方法律行为,自放弃继承的意思表示到达相对人时即溯及于继承开始时发生效力。同时,正因为该接受或放弃的意思表示具有溯及既往之效力,故不得撤回,并不得附条件与附期限,以维护继承关系之安定与遗产归属之稳定。但如果接受或放弃继承的意思表示乃受欺诈或胁迫而为之者,自可依本法总则编关于意思表示瑕疵之规定而撤销之。此外,我国继承法采当然继承主义,自继承开始时遗产即概括地移转于继承人所有。因此,继承的接受与放弃不得部分为之,即部分接受或部分放弃,部分为之者其意思表示无效。

第一千一百二十五条　继承人有下列行为之一的,丧失继承权:

（一）故意杀害被继承人;

（二）为争夺遗产而杀害其他继承人;

（三）遗弃被继承人,或者虐待被继承人情节严重;

（四）伪造、篡改、隐匿或者销毁遗嘱,情节严重;

（五）以欺诈、胁迫手段迫使或者妨碍被继承人设立、变更或者撤回遗嘱，情节严重。

继承人有前款第三项至第五项行为，确有悔改表现，被继承人表示宽恕或者事后在遗嘱中将其列为继承人的，该继承人不丧失继承权。

受遗赠人有本条第一款规定行为的，丧失受遗赠权。

释 义

本条是关于继承权和受遗赠权丧失的规定。

继承权之丧失是指继承人对于被继承人或其他继承人有重大不法或不道德行为，或就遗嘱有不正当之行为时，依法剥夺其继承人资格，使其丧失继承权。

一、继承权丧失制度的功能

（一）维护社会的道德人伦和家庭秩序

日耳曼法谚云："染血之手，不能为继承人。"关于继承权丧失的原因，各国法律的规定多注重继承人对于被继承人有无悖德或不正当行为。继承人对被继承人有悖德或不正当行为，或对其生命、身体、自由等加以危害，或妨害其他继承人之权利，非但为人类道德所不许，法律亦必予以相当的制裁，始足以维护社会的伦理道德与家庭秩序。除刑事上之制裁规定于刑法外，民事上即以丧失继承权为其制裁之方法。

（二）维持良好的遗产继承秩序

继承人为争夺遗产而杀害其他继承人，容易造成遗产继承秩序的混乱。继承人因自己的不法行为而增加其继承份额，不但为法律所禁止，且有违遗产分割的公平与公正。因此，剥夺此种继承人的继承权有利于维持公正合理的遗产继承秩序。

（三）维护被继承人的遗嘱自由

私法自治是民法的基本原则与最高宗旨。依据遗嘱自由原则，被继承人可于其生存时为死后财产的处分而设立遗嘱，倘若继承人采取欺诈、胁迫手段迫使或妨害被继承人订立、变更或撤回遗嘱而仍可继承遗产，则遗嘱自由原则未免流于形式。因此,继承权的丧失制度有利于维护被继承人之遗嘱自由。

二、继承权丧失的类型

依据丧失继承权之后,继承人得否因被继承人之宽恕而恢复继承权,继承权丧失分为绝对丧失与相对丧失。

（一）绝对丧失

继承权的绝对丧失,是指一旦丧失继承权的事由发生,继承人便终局地丧失继承权,不因事后被继承人的宽恕而恢复。绝对丧失继承权的事由通常为严重破坏社会秩序的违法行为,如"故意杀害被继承人""为争夺遗产而杀害其他继承人"。继承人绝对丧失继承权后,纵使被继承人尚未死亡,丧失继承权人也不因被继承人之宽宥,而恢复其继承权。因其违法性最为严重,故不必尊重被继承人之意思,即可终局剥夺该继承人之继承权。

（二）相对丧失

继承权的相对丧失,是指一旦丧失继承权的事由发生,继承人虽丧失继承权,但事后继承权得因被继承人的宽恕而恢复。相对丧失继承权因继承人丧失继承权的事由较绝对丧失的事由轻微,如"伪造、篡改、隐匿或者销毁遗嘱,情节严重的",纵然丧失继承权,但事后也可因被继承人之宽恕而恢复。

三、继承权丧失的法定事由

（一）故意杀害被继承人

继承人故意杀害被继承人,其行为必须是以剥夺被继承人之生命为目的。只要继承人以故意剥夺被继承人之生命为目的而实施加害行为,无论其出于何种动机,不问其有无图谋遗产的意图,不论是既遂抑或未遂,也不论是否被追究刑事责任,都应确认其丧失继承权。至于其为正犯、从犯抑或教唆犯则均非所问。当然如果继承人杀害被继承人乃因其过失或实施正当防卫所致,则不应使其丧失继承权,但如果继承人因防卫过当,超过必要的限度而杀害被继承人,则属于"故意杀害",应当剥夺其继承权;如果继承人误杀或故意伤害被继承人致死而无杀人之故意者,纵令致死也不应因此而剥夺其继承权。然继承人虽实施故意杀害被继承人之行为,但尚未致其死亡,只有在继承人因此被判决有罪时方可使其丧失继承权。如为无罪之判决、因追诉时效之完成或再审被判无罪等,均不丧失继承权。

（二）为争夺遗产而杀害其他继承人

继承人为争夺遗产而杀害其他继承人，是指继承人中之一人或数人出于争夺遗产之动机而故意杀害与其居于同一顺序之其他继承人或先于其继承顺序之继承人，包括遗嘱继承人。至于继承人本人为正犯、从犯抑或教唆犯，既遂或未遂均无不可。但继承人故意伤害其他继承人致死不构成继承权之丧失。

本项所谓的"其他继承人"，应解释为仅限于先顺序或同顺序的其他继承人。继承人实施杀害行为时，尚未取得继承人身份，其后成为被继承人的继承人时，其继承权应不受影响。例如，杀害继承人后，与被继承人结婚，或为被继承人所收养，并不丧失其对被继承人的继承权。同时，继承人杀害其他继承人必须出于争夺遗产之目的，若非出于争夺遗产之目的而为杀害行为，则不必剥夺其继承权。

（三）遗弃被继承人，或者虐待被继承人情节严重

"大孝尊亲，其次弗辱，其下能养。人人亲其亲，长其长，慎终追远，则民德归厚。"孝老尊亲，乃中华民族的传统美德。子欲养而亲不待，而亲在时子弃之不养者，时有发生。遗弃被继承人，是指继承人有扶养能力和扶养条件而对于缺乏劳动能力又无生活来源的被继承人拒不履行扶养义务。继承人的遗弃行为不限于积极行为，消极行为也包括在内。但对于因被继承人的过错而造成继承人与被继承人分居、弃之不养，则不宜认定为遗弃被继承人。

所谓虐待，是指对被继承人的身体或精神进行摧残或折磨。虐待以情节严重为丧失继承权之要件，惟情节是否严重，应依客观情况决定，即从实施虐待行为的时间、手段、后果和社会影响等方面认定。不得基于被继承人的主观意思决定，如果以被继承人的主观意思作为情节是否严重的标准，则"情节严重"的限制条件无异于形同虚设。

（四）伪造、篡改、隐匿或者销毁遗嘱，情节严重

伪造遗嘱是指继承人以被继承人之名义制作假遗嘱；篡改遗嘱是指继承人改变被继承人所立遗嘱的内容；隐匿遗嘱是指继承人隐藏被继承人所立遗嘱；销毁遗嘱是指继承人毁灭、破坏被继承人所立之遗嘱。同时，伪造、篡改、隐匿或者销毁遗嘱，只有在情节严重的情况下才丧失继承权。所谓情节严重，是指继承人伪造、篡改、隐匿或者销毁遗嘱，侵害了缺乏劳动能力又无生活来

源的继承人的利益,并造成其生活困难。

上述伪造、篡改、隐匿或销毁遗嘱的行为须既遂且具有故意,如果上述行为未遂,即继承人的行为并未使遗嘱被伪造、篡改、隐匿或销毁,或过失实施上述行为,均不发生继承权丧失的效力。如果继承人伪造、变造、篡改或销毁的遗嘱乃遗嘱人已撤销或无效的遗嘱,应认为不构成丧失继承权的事由。如遗嘱人生前所立的遗嘱,因不具备法定形式而归于无效,继承人以使其具备该法定形式的意思而加以变造,也应认为继承权不丧失。因继承人所实施的行为乃实现被继承人的真正意思,并非违背被继承人的真实意愿。

(五)以欺诈、胁迫手段迫使或者妨碍被继承人设立、变更或者撤回遗嘱,情节严重

继承人以欺诈或胁迫手段迫使、妨碍被继承人设立、变更或撤回遗嘱的行为,严重侵害了遗嘱人的遗嘱自由。我国《继承法》仅规定遗嘱必须表示遗嘱人的真实意思,受胁迫、欺骗所立的遗嘱无效,但并未将其作为丧失继承权的事由予以规定,本条对此予以完善。应注意的是,这里所谓的"遗嘱"应为有效的遗嘱,即继承人以欺诈、胁迫手段迫使、妨碍遗嘱人所设立、变更或撤回的遗嘱仅限于有效遗嘱。如为无效的遗嘱,例如被继承人为无行为能力或限制行为能力所立的遗嘱或违反法定方式、违背公序良俗所订立的遗嘱等,纵使继承人有欺诈或胁迫之行为,也不丧失继承权。

此外,继承权丧失制度重在制裁继承人对被继承人或遗嘱之不法或不正当行为,至于其主观目的为何,在所不问。不论继承人是否图利自己,只要继承人存在以欺诈或胁迫手段迫使或妨碍被继承人订立、变更或撤回遗嘱的行为即丧失继承权。

继承权丧失制度是"当事人不能因违法行为而获得利益原则"的体现。继承权的丧失对继承人而言是一种严厉的制裁,因此既不能纵容继承中的不法行为和不道德行为,也不能对继承人过于苛刻,同时还应充分尊重被继承人的意思。所以,根据本条第2款规定,继承人纵有上述第3项至第5项行为,但确有悔改表现,被继承人表示宽恕或者事后在遗嘱中将其列为继承人的,该继承人不丧失继承权。其中所谓"宽恕"是被继承人对于继承人之不法或不道德行为,不予咎责的感情表示,无须一定的方式,如果被继承人明知继承人有上述第3项至第5项丧失继承权的事由,仍通过遗嘱对其指定继承份额或指定遗产分割方法,自可视为已经宽恕。

四、受遗赠权的丧失事由

遗赠是遗赠人无偿给予受遗赠人以财产利益的行为,并无任何对价,即使是在附负担的遗赠,受遗赠人所负的负担也并非遗赠的对价,仍不能改变遗赠乃无偿行为的性质。所以,倘若受遗赠人对遗嘱人及其直系血亲(继承人)有重大不法或不道德行为或对遗嘱有不法企图时,如果依然允许其享有受遗赠的权利,恐与情理不合。因此,各国继承法普遍规定了受遗赠人丧失受遗赠权的事由,但为避免与继承权丧失事由的重复,通常规定准用继承权丧失的事由。但因为遗赠乃受遗赠人单纯受益,故受遗赠权丧失的事由应较之继承权丧失的事由更为严格。因此,根据本条第3款规定,受遗赠人有本条第1款规定行为的,丧失受遗赠权,即绝对丧失受遗赠权。

第二章　法定继承

《民法典·继承编》的第二章是"法定继承"。法定继承也称无遗嘱继承，是指按照法律规定的继承顺序和份额将遗产移转给继承人的继承方式。法定继承是重要的继承制度，其中的很多概念和规则是基础性的，因此，从法典的结构安排上将法定继承置于遗嘱继承之前。本章共有 7 个条文，分别规定了：继承权男女平等原则；法定继承人的顺序；代位继承；丧偶儿媳、丧偶女婿的继承权；法定应继份；遗产酌分请求权；继承纠纷的解决方式。本章新增加的规定有两项：（1）规定被继承人兄弟姐妹的子女可以代位继承。（2）对依靠被继承人扶养的继承人以外的遗产酌分请求权人，删去了"缺乏劳动能力又没有生活来源"的要求。

第一千一百二十六条　继承权男女平等。

释　义

本条是关于继承权男女平等原则的规定。

一、继承权男女平等原则是法治进步的标志

继承权男女平等原则是性别平等法治原则在继承制度中的体现。男女平等的观念是近现代社会进步的标志。人类社会相当长的时间里是缺乏性别平等观念的。无论游牧文明、农耕文明或者海上贸易的简单商品经济时期，男性都有自然条件上的优势，女性则处于被支配的地位。溯及至继承制度发达的罗马法，女性不具有独立完整的法律人格，相当于现在的限制行为能力人，处

于父权或夫权的监护之下。夫亡则处于成年儿子的监护之下。女性不具有立遗嘱的能力,甚至因遗嘱继承遗产的数额也受到过限制。① 在中国漫长的封建社会中,女性的法律地位同样低下。宗祧继承制度采用嫡长子继承制,导致只有男性直系卑亲属有继承权,女性没有继承权。新中国成立后,确立男女平等原则提升了女性的法律地位,广大妇女得以解放。我国《宪法》第48条规定"中华人民共和国妇女在政治的、经济的、文化的、社会的和家庭的生活等各方面享有同男子平等的权利。国家保护妇女的权利和利益,实行男女同工同酬,培养和选拔妇女干部。"《中华人民共和国妇女权益保障法》第30条规定"国家保障妇女享有与男子平等的财产权利"。其中平等的财产权利包括平等的继承权。《民法典·总则编》中"自然人的民事权利能力一律平等"的规定,也包含了男女继承权利能力平等的含义。

但长期存在于中国乡土社会的男尊女卑、重男轻女、以男为主的封建思想仍然挥之不去。有些地方民俗视出嫁的女性为外姓人,不承认女性享有平等的继承权,风俗习惯与法律原则存在很大的冲突。因此,在《继承法》中明确规定继承权男女平等原则符合中国社会的实际情况,是十分必要的。经过几十年的社会进步,男女平等原则已经逐渐内化为绝大多数社会成员的正统伦理观念,法律上也建立了保障性别平等的各项制度,但仍有个别地区或个别人群的思想观念落后于法律的规定,作为一项法律原则,《民法典·继承编》仍有必要宣示继承权男女平等原则。

继承权男女平等原则虽规定在继承编的法定继承一章,但作为基本原则,在遗嘱继承中也有指导意义。无论男女都有通过设立遗嘱处分自己财产的权利,都有遗嘱继承的权利。本条应置于一般规定之中更为符合其基本原则的地位。

二、继承权男女平等原则的内容

继承权男女平等原则是继承法的基本原则,本条作为一个宣示性条文,并不包含具体的规范内容,但继承编的各项制度都体现出继承权男女平等的要求。如继承权的取得与丧失不因性别而有差异;继承人的范围和顺序上男女平等;处于同一顺序的继承人在遗产的份额上不因男女而有不同;代位继承、

---

① 参见费安玲:《罗马继承法研究》,中国政法大学出版社2000年版,第121页。

转继承的适用上男女平等;遗嘱资格和遗嘱继承上不因性别差异而有不同;男女不因结婚与否而影响遗产继承等。

继承权男女平等意味着消除继承制度上的性别歧视,不因性别而差别对待。承认并尊重女性在继承中的平等地位,男女在继承中享有同等的权利与义务。从性质上看,继承权男女平等原则强调的是形式平等,即继承权的享有和行使上的平等,而非结果平等。不能理解为是特殊保护女性继承权的倾斜性原则。该原则虽然实际社会效果是提升了女性在继承中的地位,但其法律功能是在继承制度中淡化性别因素,而不是突出女性的保护。不能从极端男权走向极端女权。一些相关论著仅立足于女性立场是一种片面的解读。继承权男女平等原则的目的是两性平等,消除性别差异对继承的影响,无差别地对待男性与女性的继承权,而不是片面强调保护女性。例如,被继承人立有遗嘱一份,内容为"本人生有三男二女,我本人的意愿二女不在财产继承范围内,也就是说两个女儿没有继承权"。司法实践中,有判决认为该份遗嘱应为部分合法有效,[1]遗嘱中涉及女儿没有继承权的问题,由于违反了继承法的相关规定,该部分应为无效。因为以遗嘱的形式剥夺女性继承权的行为违反了继承权男女平等的原则,应当认定该遗嘱无效。这是对继承权男女平等原则的误解。本案涉及遗嘱自由和继承权男女平等原则的价值冲突问题。由于继承权男女平等原则属于对男女两性无差别保护的形式平等,不能解释为对女性倾斜保护原则,无论继承人的性别,立遗嘱人均可以通过遗嘱在其中指定继承人,不能依据此原则认定遗嘱无效。

第一千一百二十七条 遗产按照下列顺序继承:

(一)第一顺序:配偶、子女、父母;

(二)第二顺序:兄弟姐妹、祖父母、外祖父母。

继承开始后,由第一顺序继承人继承,第二顺序继承人不继承;没有第一顺序继承人继承的,由第二顺序继承人继承。

本编所称子女,包括婚生子女、非婚生子女、养子女和有扶养关系的继子女。

---

[1] 参见南昌市青山湖区人民法院(2014)湖民三初字第187号,梁某1与梁某2、万某继承纠纷一审民事判决书。

本编所称父母,包括生父母、养父母和有扶养关系的继父母。

本编所称兄弟姐妹,包括同父母的兄弟姐妹、同父异母或者同母异父的兄弟姐妹、养兄弟姐妹、有扶养关系的继兄弟姐妹。

释 义

本条是关于法定继承人顺序的规定。

一、法定继承人的范围

法定继承人是指基于法律规定的继承人范围和继承顺序而享有继承权,按法定遗产份额承受被继承人遗产的人。法定继承人的范围是依据继承人与被继承人之间的身份关系由法律加以规定的。此身份关系通常有两类:一类是配偶关系,另一类是血亲关系。此外,还有一类是我国特有的,即有扶养事实的姻亲关系。姻亲关系原则上不构成确认法定继承人范围的身份依据。由于我国继承法上有养老育幼的传统,存在扶养关系的部分姻亲也被认为享有继承权,成为法定继承人。如对公婆或岳父母尽了主要赡养义务的丧偶儿媳或丧偶女婿,或者有扶养关系的继父母与继子女等也被规定为法定继承人。

现代社会,人们的生活从大家族转向小家庭,立法上可以有继承权的血亲关系从无限制主义转变为有限制主义。法律对享有继承权的亲属范围加以了限定。《民法典·继承编》中法定继承人的范围包括:配偶、子女、父母、祖父母、外祖父母、兄弟姐妹、子女的直系晚辈血亲、兄弟姐妹的子女、对公婆或岳父母尽了主要赡养义务的丧偶儿媳或丧偶女婿。伯、叔、姑、舅、姨、堂兄弟姐妹、表兄弟姐妹等亲属不属于法定继承人。学界虽有提出在《民法典·继承编》中扩大法定继承人的范围,将上列亲属作为第三顺序继承人,但立法时还是采取了相对保守的立场,只增加了侄子女、外甥子女作为代位继承人。

值得强调的是,本条没有提及的代位继承人,亦属于法定继承人。本条主要规定法定继承人的顺序,由于继承编对法定继承人的范围没有专条规定,因此,容易让人误以为法定继承人的范围仅限于本条继承顺序中的继承人;甚至诱发出孙子女只有在代位继承时才是法定继承人,除此之外就不属于法定继承人的错误观点。尤其在被继承人立遗嘱将遗产留给孙子女或者外甥子女、侄子女时,本属于遗嘱继承却被要求按照遗赠在法定期限内作出接受遗赠的意思表示。此类案件并不罕见,裁判观点也不统一。例如,辽宁省大连市中级人民法院(2014)大民一终字第 1558 号民事判决书中,被继承人曹某在大连市公证处立有公证遗嘱,内容为"我在大连市有私房一套,特立下此遗嘱,待我过世后将我这套房遗留给外孙子吕某继承"。一审和二审法院均认定是被继承人以公证代书遗嘱的方式,将个人财产房屋一处遗赠给原告吕某。一审法院认为:吕某没有证据证明作出过接受遗赠的意思表示;二审法院认为:本案上诉人吕某在被继承人董某 2008 年去世后继续在案涉房屋中居住,案涉房屋的产权证也一直由上诉人持有,故可以认定上诉人以实际行动作出了接受遗赠的意思表示。上海市闵行区人民法院(2013)闵民一(民)初字第 14554 号一审民事判决书对类似案件则认定为遗嘱继承。其理由值得肯定:首先,自体系解释的角度而言,因祖父母、外祖父母的法律地位与孙子女、外孙子女相对应,且上述内容均规定于《继承法》第二章法定继承部分,故《继承法》虽未明确予以规定,但仍可理解为孙子女亦应作为继承人;其次,自代位继承的权利属性而言,孙子女、外孙子女等晚辈直系血亲所享有的代位继承权系其固有权利,并非代位享有他人的权利,因此,作为代位继承权享有者的孙子女亦可作为法定继承人。此判决的分析符合法律的精神,值得赞同。各国立法中,第一顺序法定继承人一般都是晚辈直系血亲;或表述为"直系血亲卑亲属",但同时规定以亲等近者优先。亲等近的继承人于继承开始前死亡或丧失继承权时,其直系血亲卑亲属的继承顺序提前而代位继承。《民法典·继承编》在第一顺序继承人中只规定了子女,同时规定子女的直系晚辈血亲可以代位继承,其法律规范的整体结构与前述立法通例没有本质差别,应作含义同一的解释。

(一) 配偶

配偶必须是在继承开始时,与被继承人保持夫妻关系的人。若夫妻已经离婚或一方已经死亡的,不属于法定继承人的范围。配偶是基于有效婚姻而产生的身份关系,不再被认定为事实婚姻的非婚同居者,不属于继承人范围。

(二) 子女

子女是亲等最近的直系血亲卑亲属。继承编所称子女,包括婚生子女、非婚生子女、养子女和有扶养关系的继子女。

养子女是依法收养形成的拟制血亲。收养关系形成后,因生活困难等原因,未成年的养子女即使又回到生父母处生活,若未解除收养关系,仍有权继承养父母的遗产。另外，收养他人为"养孙子女"的，在司法实践中视为养父母与养子女的关系的，可互为第一顺序继承人。虽有抚养事实但未形成收养关系的，不属于养子女。基于封建习俗，将成年人过继、立嗣给他人为嗣子的，不属于养子女。

继子女是妻子与前夫或丈夫与前妻所生的或收养的子女，与生父母一方是血亲关系，继父母与继子女之间属于姻亲关系。姻亲关系本不是法定继承人的身份基础，但继父母与继子女若形成扶养关系，则互相享有法定继承权。形成扶养关系的继子女属于继承人的范围。有扶养关系的继子女不同于收养继子女为养子女。若经收养形成养子女关系，则养子女不再是生父母的继承人，而有扶养关系的继子女仍可以继承生父母的遗产。

这里的扶养关系通常是指继父母对继子女的抚养关系。《民法典·婚姻家庭编》第1072条规定"继父或者继母和受其抚养教育的继子女间的权利义务关系，适用本法关于父母子女关系的规定"。学理上认为，继子女对继父母进行了赡养的，也属于形成扶养关系，可以互为继承人。①

扶养关系的认定，应当综合考虑以下因素：继子女关系成立时继子女是否未成年，是否共同生活，是否存在扶助照顾、教育帮助、经济上提供生活来源等事实。衡量是否存在扶养关系无须苛求全部具备以上因素，司法实践中，继子女与继父母之间是否形成抚养关系不单纯以继父母婚姻关系存续时间的长短来认定，即使继父母与继子女没有共同生活，如未成年的继子女随祖父母或外祖父母共同生活，但继父母以自己的财产或夫妻共同财产在生活、学习等方面支付扶养费的，可以认定存在扶养关系。

（三）父母

父母，包括生父母、养父母和有扶养关系的继父母。生父母是自然形成的直系血亲，不因意思表示产生或消灭。养父母是通过收养行为产生的拟制血亲尊亲属。有扶养关系的继父母是继子女的法定继承人，若未形成扶养关系则不享有继承权。扶养关系可以因为继父母扶养未成年的继子女而产生，也可以因为继子女赡养继父母而产生。已经形成扶养关系的继父母与继子女之间的权利与义务关系不因继父母离婚而自然解除。已经形成扶养关系通常是指继父母已经抚养继子女至成年。如果离婚时继父母不同意继续抚养未成年

---

① 参见刘春茂主编：《中国民法学·财产继承》，中国人民公安大学出版社1990年版，第220页。

的继子女的,仍由其生父母抚养,①继父母与继子女之间的扶养关系因终断而消除。②

(四) 祖父母、外祖父母

祖父母和外祖父母是隔代的长辈直系血亲。祖父、祖母、外祖父、外祖母四人的亲等相同,在继承人地位上也相同。为了确保遗产的正向流转,祖父母和外祖父母通常不会成为第一顺序继承人。《民法典·继承编》将其规定为第二顺序继承人。在我国继承人有限制主义的立法中,曾祖父母不属于法定继承人,是为了避免遗产过度逆向流转。继子女与继祖父母、继外祖父母之间如果没有形成直接的扶养关系,互相不为继承人。

(五) 兄弟姐妹

兄弟姐妹是二亲等旁系血亲。包括同父母的兄弟姐妹、同父异母或者同母异父的兄弟姐妹、养兄弟姐妹、有扶养关系的继兄弟姐妹。因收养形成的养兄弟姐妹以及同父异母或者同母异父的兄弟姐妹与同父母的兄弟姐妹,在继承人的地位上没有差别。继兄弟姐妹只有在相互间形成扶养关系时才互为继承人。若仅在继父母、继子女之间形成扶养关系,而继兄弟姐妹之间没有形成扶养关系的,继兄弟姐妹互相没有继承权。按照《民法典·婚姻家庭编》的相关规定,兄弟姐妹之间只存在有条件的扶养义务,即:有负担能力的兄、姐,对于父母已经死亡或者父母无力抚养的未成年弟、妹,有扶养的义务。由兄、姐扶养长大的有负担能力的弟、妹,对于缺乏劳动能力又缺乏生活来源的兄、姐,有扶养的义务。在没有扶养关系的兄弟姐妹之间,如果平素关系严重交恶的,有司法实践的观点认为:兄弟姐妹对于被继承人生前关系恶劣,已无兄弟姐妹之关系可言,应不承认其有继承权。③ 但依此观点直接剥夺继承权缺乏法理依据,应承认此种情形的继承权,若为共同继承时,可作为酌减应继份的考量因素。

(六) 子女的直系晚辈血亲

子女的直系晚辈血亲不仅包括孙子女和外孙子女,还包括曾孙子女、玄孙子女等,子子孙孙无穷尽也,没有代数限制。晚辈直系血亲是遗产传承的正常

---

① 参见《关于人民法院审理离婚案件处理子女抚养问题的若干具体意见》第13条。
② 参见刘春茂主编:《中国民法学·财产继承》,中国人民公安大学出版社1990年版,第222页。
③ 参见《最高人民法院关于兄弟姐妹互相继承问题的复函》(法行字第1934号,1953年4月8日)。

方向,无论代数均为法定继承人。子女的直系晚辈血亲既包括自然血亲,也包括拟制血亲,两者没有差别。但继子女的直系晚辈血亲或者子女的晚辈继子女,对于被继承人而言不属于血亲关系,除非有直接的扶养关系,否则不属于法定继承人。

(七) 兄弟姐妹的子女

兄弟姐妹的子女是被继承人的侄子女、外甥子女,属于第三代旁系晚辈血亲。为避免出现无人继承的遗产,《民法典·继承编》扩大了法定继承人的范围,侄子女和外甥子女可以代位先于被继承人死亡的兄弟姐妹继承遗产。例如,甲没有配偶和子女,父母已经先逝,甲有一妹妹乙,也于前年去世。乙有两个儿子丙和丁,是甲的外甥。甲死亡时遗留个人存款十万元。若按照《继承法》的规定,该十万元属于无人继承的遗产,而按照《民法典·继承编》代位继承的相关规定,可以由丙和丁代位继承该遗产。

与子女的晚辈直系血亲不受代数限制不同,兄弟姐妹的子女只限于该代,其后代的晚辈直系血亲不属于法定继承人。因为如果没有代数限制,遗产流向血缘较远,经济上毫无关联,生活上关系陌生的人,亦不能实现将遗产留在家庭或留给关系紧密的家族成员的继承目的。

(八) 丧偶儿媳或丧偶女婿的特殊地位

丧偶儿媳或丧偶女婿作为继承人是我国特有的制度。其目的是为了鼓励承担赡养老人的伦理责任,弘扬孝道。丧偶儿媳或丧偶女婿没有法律上的赡养义务,基于权利义务相一致的原则,在配偶死亡后对公婆或岳父母尽了主要赡养义务的丧偶儿媳或丧偶女婿属于法定继承人的范围,其继承权不因再婚而消灭。

二、法定继承人的顺序

各国关于法定继承人顺序的规则不尽相同,如有的国家配偶的继承顺序是不固定的,在另一些国家则是固定顺序的。有的国家是按照不同亲等的亲属确定继承人顺序,而另一些国家则是按照亲系确定每一个继承顺序。法定继承人的顺序层级亦有多有少。在我国,采用世代计算法表示血亲远近,法律上没有亲等亲系的概念。依据关系密切程度,《民法典·继承编》将法定继承人分为两个顺序,即第一顺序法定继承人和第二顺序法定继承人。

第一顺序法定继承人包括配偶、子女和父母。丧偶儿媳对公婆,丧偶女婿对岳父母,尽了主要赡养义务的,是第一顺序继承人。若子女先于被继承人死亡,由子女的晚辈直系血亲代位继承该子女的应继份额,其地位相当于第一顺序法定继承人。

子女作为第一顺序法定继承人有利于确保遗产向后代正向流转,是各国继承法的通例,具有重要意义。很多国家的立法将父母作为第二顺序法定继承人,是为了防止遗产逆向流转。在我国,父母作为第一顺序法定继承人,是为了在继承中保障对老人的赡养,贯彻养老育幼原则。但在继承法中过分强调亲属法上的扶养原则,存在一定的功能错位,也被学者诟病。配偶在我国法律中是第一顺序继承人,这是与子女和父母的继承顺序相对应的。在配偶不固定继承顺序的立法例中,子女以及晚辈直系血亲是第一顺序继承人,父母是第二顺序继承人。配偶不固定继承顺序,而是和各个固定继承顺序的继承人共同继承遗产,主要是为保护继承中的伦理性和公平性,防止被继承人没有子女时,作为第二顺序继承人的父母因配偶的存在而失去继承的机会。我国法律将父母和子女作为第一顺序继承人,配偶不固定继承顺序制度就失去了基础。虽然配偶作为第一顺序继承人会影响兄弟姐妹的继承机会,但我国以核心家庭为主,兄弟姐妹各自结婚后组建小家庭,让配偶与兄弟姐妹共同继承被继承人的遗产,不符合我国普遍的实际情况。仅在特殊的情形下才会出现配偶优先于兄弟姐妹继承遗产不公平的案例,不具有普遍性,以个别的特殊案例否定配偶优先于兄弟姐妹的继承顺序,缺乏说服力。例如,甲、乙结婚时间极短,某日夜晚,二人在家中遇害,法医鉴定结论证实,甲的死亡时间先于乙20分钟左右。遗产基本上是甲婚前的个人财产。甲的兄弟姐妹将二人安葬后,乙的父母主张继承全部遗产。甲的遗产由乙继承,由于乙也死亡,由乙的父母转继承全部遗产符合法律规定,但很难在情感上被甲的兄弟姐妹所接受。实践中,法院通过遗产酌分权分给甲的兄弟姐妹相应遗产,也很好地化解了此类特殊矛盾,不足以因此改变继承规则。

第二顺序法定继承人包括兄弟姐妹、祖父母、外祖父母。若兄弟姐妹先于被继承人死亡,由其子女代位继承该应继份额,其地位相当于第二顺序法定继承人。祖父母、外祖父母作为继承人时则不发生代位继承。每一个继承顺序中的继承人地位相等,按照人数确定应继份额。例如,甲、乙是兄弟。甲死亡时,没有配偶没有子女,父母已经去世,仅有祖父丙和乙生存。则其遗产由乙和丙作为第二顺序继承人继承。若此时乙先于甲死亡,乙的子女可以作为第二顺序法定继承人代位继承乙的遗产份额。

继承开始后,有第一顺序继承人的,由第一顺序法定继承人继承,第二顺序继承人不继承。此时第二顺序继承人的继承权仍属于继承期待权。没有第一顺序继承人继承的,由第二顺序继承人继承。此时,第二顺序继承人的继承权转变为继承既得权。

第一千一百二十八条　被继承人的子女先于被继承人死亡的,由被继承人的子女的直系晚辈血亲代位继承。

被继承人的兄弟姐妹先于被继承人死亡的,由被继承人的兄弟姐妹的子女代位继承。

代位继承人一般只能继承被代位继承人有权继承的遗产份额。

释　义

本条是关于代位继承的规定。

代位继承,是指被继承人之子女先于被继承人死亡时,由死亡子女之晚辈直系血亲代其位继承其应继份额的制度。

一、代位继承的原则

(一)子股衡平原则

代位继承制度古罗马法已有之,即有多数子女的被继承人死亡时,依子女人数平均继承,但子女中有人死亡时,其子女或孙子、孙女代位继承,以示同一顺序继承人之间的衡平。此种衡平思想我国古法亦已有之,如唐令中的"子承父分",我国封建社会非常重视各房之均等,使侄儿于其父死亡时,能与其伯叔以房数平分家产。

(二)按支继承原则

按支继承反映的则是每一亲系中,应当按支而不是按人分配遗产的观念。基于按支继承,某一支中与被继承人亲等最近者如先于被继承人死亡,其应继份当然应留在该支内由其直系卑亲属代位继承,而不是转归他支。代位继承人的应继份额与被代位继承人之应继份额同一,即使代位继承人有多数,仍应以被代位继承人之应继承份额按人数均分。被代位继承人所应继承的份额，俗称房份，此为代位继承人之利益而被保留，从而不至流入被代位继承人同一顺序的兄弟姐妹及通过被继承人之父母而流入被继承人之其他兄弟姐妹。

二、代位继承的性质

代位继承之性质，是指代位继承人究竟是代表被代位继承人而为继承，还是以自己固有之权利直接继承被继承人，学理上历来存在代表权说与固有权说两种截然不同的观点。

代表权说认为，代位继承乃代位继承人代替被代位继承人之位而为继承，而非基于自己固有之权利，直接继承被继承人之遗产。依此说在被代位继承人丧失继承权或抛弃继承权之情形，不发生代位继承。固有权说则认为，代位继承人是基于自己本身固有的权利，直接继承被继承人的遗产，代位继承人的继承权不以被代位继承人是否有继承权为移转。依此说，只要被代位人不能继承，代位继承人就可以代位继承，即使在被代位继承人丧失继承权的情况下，代位继承人亦得依自己固有之权利直接继承被继承人的遗产。

我国《继承法意见》第 28 条对《继承法》第 11 条的解释虽采代表权说，但仍以固有权说更具合理性，因此，《民法典》中的代位继承制度应以固有权说解释为宜。代位继承人固有之继承权是基于法律的规定而享有，他们本身就是法定继承人范围内的人，只是在被代位人生存时，大多数国家立法规定，按"亲等近者优先"的原则，被列于被代位人继承顺序之后。我国虽未将孙子女等直系卑亲属列入法定继承顺序，但从实质看，他们仍然是法定继承人。如果从中国人的传统观念、被继承人的主观愿望上观察，孙子女等晚辈直系血亲乃是当然的、正统的继承人，其地位应在兄弟姐妹之前。不过在其父母健在时，其继承权仅是一种潜在的尚未现实化的权利。当其父母先于被继承人死亡时，此种潜在权利便显现出来，成为一种现实的权利。这种继承之所以称为代位继承，是因为代位人是以被代位人的继承顺序参与继承，并取得被代位人如果未死亡时所应取得之继承份额，而不是因为代位人承继了被代位人之继承地位和权利。因此，代位继承权不受被代位人继承权是否丧失的影响，代位继承权乃代位继承人自己固有之继承权，其不应依被代位人之权利状况为移转。无论被代位人先于被继承人死亡或丧失继承权，代位继承人皆可基于自己固有之继承人资格参与继承。如果采代表权说，则因被代位人的违法行为丧失继承权,而使其晚辈直系血亲不能参与继承,并由其晚辈直系血亲承受其违法行为的不利后果,自难谓公允合理。

三、代位继承的要件

(一) 被代位人于继承开始前死亡或丧失继承权

首先,根据我国《继承法》第 11 条及《继承法意见》第 28 条之规定,我国代位继承发生的原因仅限于继承人先于被继承人死亡,继承人丧失继承权的,其晚辈直系血亲不得代位继承。这与我国继承法关于代位继承之性质采代表权说相辅相成。如前所述,代位继承乃基于按支继承的原则,以维护各子股的衡平且代位继承人乃以自己固有之权利而直接继承被继承人遗产,而非代表被代位继承人。因此,被继承人之子女纵丧失继承权,也不应影响其晚辈直系血亲以自己固有之权利代位继承。否则,丧失继承权子女之晚辈直系血亲仅因其父或母之过错而使本可由其继承之遗产份额流入其他各支,显然有违按支继承与子股衡平原则。但被代位人放弃继承的,其晚辈直系血亲无代位继承权。如果将放弃继承作为代位继承发生的原因,将会鼓励继承人的不诚信行为。因为其虽然基于某种目的表面上放弃继承,但仍可通过其晚辈直系血亲代位继承之方式而迂回获得继承利益。也正因如此,将放弃继承作为代位继承发生的原因,有违放弃继承制度的立法意旨——"与继承完全脱离关系,自始非为继承人"。同时,代位继承发生的原因通常发生于继承开始前,而放弃继承须于继承开始后始得为之。

其次,被代位人死亡或丧失继承权须发生在继承开始前或与继承开始同时,若发生于继承开始后则为转继承,不发生代位继承之问题。

(二) 被代位人须为被继承人之子女或兄弟姐妹

本条将被继承人之兄弟姐妹也纳入被代位继承人之范围。也就是说,当被继承人无第一顺序法定继承人时,第二顺序的被继承人之兄弟姐妹中有先于被继承人死亡者,其子女亦可代位继承。如此规定将法定继承人之范围扩大到了侄子女、外甥子女,以尽量减少遗产归国家所有。

(三) 代位继承人须为被代位人的晚辈直系血亲

代位继承人须为被代位人的晚辈直系血亲。但根据本条第 2 款规定,当被代位人为被继承人的兄弟姐妹时,代位继承人为被继承人兄弟姐妹的子女,而非被继承人兄弟姐妹的晚辈直系血亲。

第一千一百二十九条 丧偶儿媳对公婆,丧偶女婿对岳父母,尽了主要赡养义务的,作为第一顺序继承人。

释 义

本条是关于丧偶儿媳和丧偶女婿继承权的特殊规定。

本条规定在国外立法上没有先例,是唯一将姻亲规定为法定继承人的立法例,为我国继承法所独有。《宪法》规定成年子女有赡养扶助父母的义务,禁止虐待老人。我国继承法立法为了贯彻这个精神,规定丧偶儿媳赡养公婆直至死亡,丧偶女婿赡养岳父母直至死亡,为第一顺序的继承人。这些规定都是为了有利于更好地赡养老人。

本条规定延续了我国《继承法》第 12 条之规定,在民法典编纂过程中,对于是否保留本条所规定的丧偶儿媳对公婆,丧偶女婿对岳父母,尽了主要赡养义务的,作为第一顺序继承人的问题,主要形成了三种不同的观点:(1)废除说。认为虽然各国法定继承人的范围不同,但都公认继承人应该是与被继承人关系最亲密的亲属,姻亲关系从来不在其中。丧偶儿媳与公婆、丧偶女婿与岳父母之间仅仅是姻亲关系,不应赋予其继承权,这已是各国继承法信守之法则。赋予丧偶儿媳与女婿以第一顺序继承人地位有悖于法定继承人以血缘关系为基础的要求,应当基于遗产酌分制度酌情分给他们适当的遗产,而非作为第一顺序法定继承人。将其作为酌情分得遗产的人,既符合我国继承习惯,也有利于维持继承法体系的内部一致性,对其他继承人而言亦属公平。该说最强有力的理由是,对于未丧偶的儿媳或女婿而言,即使其对公婆或岳父母尽了主要赡养义务(如夫妻一方长期在外地或国外工作学习),也无继承权。由此导致同样是对公婆或岳父母尽了主要赡养义务的儿媳或女婿,是否可以作为第一顺序继承人取决于是否丧偶,自难谓公允!此外,丧偶儿媳或女婿作为第一顺序继承人,而其子女亦可通过代位继承死亡配偶一方的继承份额,如此一来丧偶一方即可获得两份遗产,此与我国按支继承的传统不符。(2)修改说。认为,丧偶儿媳或丧偶女婿对被继承人尽了主要赡养义务作为第一顺序法定继承人,确实可以达到赡养老人、淳化社会风尚的目的。但如果继续维持这一做法,就必须作出相应的修改,以协调该制度与代位继承之间的冲突。即将尽了主要赡养义务的丧偶儿媳或丧偶女婿列为第一顺序法定继承人,但以不存在代位继承人为限。(3)保留说。认为赋予尽了主要赡养义务的丧偶儿媳或丧偶女婿以继承权符合我国的国情,可以起到有效的激励作用,达到更好地赡养老人的立法目的,应当保留。丧偶儿媳或丧偶女婿为法定继承人是以其尽了主要赡养义务为前提条件,这就不可能出现不公平的结果。既然主张废除的观点也认为应当分给他们适当的遗产,甚至比照第一顺序继承人的份额,那么倒不如直接规定其为第一顺序的法定继承人,没有必要"犹抱琵琶半遮面"。

《民法典》最终采纳了保留说,根据本条规定丧偶儿媳或丧偶女婿作为第一顺序继承人继承其公婆或岳父母之遗产,应满足下列条件:(1)须存在丧偶之情形。儿媳与公婆、女婿与岳父母在法律上属于姻亲关系,并无相互赡养扶助的权利和义务。儿媳与女婿于配偶在世之时对公婆或岳父母赡养扶助,一般认为是协助他方配偶履行其赡养义务,且被认为是一种美德,符合我国敬老爱老的传统。故儿媳、女婿在配偶尚未离世时,并无继承公婆、岳父母遗产的权利,但在其配偶继承其父母之遗产时,可基于婚姻关系存续期间一方因继承所得之财产为夫妻共同财产而获得其公婆或岳父母的遗产。儿媳、女婿在丧偶之后尚能对公婆、岳父母在经济、生活等方面提供主要的供养、照料,更难能可贵,故此时法律赋予其法定继承权。至于丧偶儿媳、丧偶女婿是否再婚并不影响其继承权。(2)须丧偶儿媳、丧偶女婿对公婆或岳父母尽了主要的赡养义务。至于尽了主要赡养义务的判断标准,根据《继承法意见》第30条之规定,丧偶儿媳或丧偶女婿只要对公婆或岳父母提供了主要经济来源,或者在劳务等方面给予了主要扶助,即应认定为尽了主要赡养义务。在具体认定时,应考虑丧偶儿媳或丧偶女婿自身的经济状况以及公婆或岳父母的实际需要,一般不应低于当地的实际生活水平。

丧偶儿媳或丧偶女婿只要符合上述两个条件,于公婆或岳父母死亡时即可作为第一顺序法定继承人继承遗产,不论是否存在代位继承人。

第一千一百三十条 同一顺序继承人继承遗产的份额,一般应当均等。

对生活有特殊困难又缺乏劳动能力的继承人,分配遗产时,应当予以照顾。

对被继承人尽了主要扶养义务或者与被继承人共同生活的继承人,分配遗产时,可以多分。

　　有扶养能力和有扶养条件的继承人，不尽扶养义务的，分配遗产时，应当不分或者少分。

　　继承人协商同意的，也可以不均等。

释　义

　　本条是关于法定应继份的规定。

一、本条将均等份额主义规定为遗产分配的一般原则

　　本条适用于同一顺序继承人有数人共同继承的情况。遗产份额在学理上称为应继份，就是共同继承人可以继承遗产的比例。应继份包括法定应继份和指定应继份。本条是对法定应继份的规定，不包括遗嘱中指定应继份的情形。

　　关于法定应继份，大陆法系主要有两种立法例，一种为均等份额主义，如俄罗斯；另一种为比例份额主义，如法国、德国。法定继承中，分配遗产时如何确定遗产份额，是与法定继承人的范围和顺序紧密关联的。在立法例上也有一定的对应关系。当配偶、父母与子女都固定为第一顺序继承人时，且没有按照亲系确定继承人时，应继份一般采均等份额主义。若配偶的继承顺序不固定，血亲继承人的继承顺序以亲系和亲等为依据，子女与父母不在同一继承顺序中的立法例，应继份一般采比例份额主义。配偶和不同的血亲继承人共同继承时，法律事先规定不同的比例；扣除配偶的比例后，父系亲属和母系亲属继承的部分也事先按照等分的比例，分成两个支系，分别由父系亲属和母系亲属依据亲等继承或代位继承。

　　《民法典·继承编》采用的是均等份额主义。原因在于：首先，比例份额是为了配偶以及各亲系在继承中的公平性。就我国法律传统而言，无论是《民法典》还是原《继承法》《婚姻法》，都没有采用亲系、亲等确定法定继承顺序，故此没有采取比例份额主义的必要。其次，配偶和子女、父母同为第一顺序继承人，不存在和其他顺序继承人共同继承的情形，没有必要针对不同情形设定不同比例。再次，法律设定比例不仅规则烦琐，而且由于子女人数不确定，若配偶和各亲系的比例固定，好比刻舟求剑，造成苦乐不均，难以确保公平。均等份额主义的缺陷是如果子女或兄弟姐妹人数较少，而父母、祖父母、

外祖父母都在时,长辈血亲继承的应继份比例较高,容易造成遗产逆向流转,导致核心家庭的财产流向其他亲属支系。

我国的均等份额主义是指在共同继承中,同一顺序继承人继承遗产的份额,一般应当均等。继承开始后,按照同一顺序的法定继承人数确定应继份额。父与母算两人,祖父母、外祖父母若都生存算四人,子女、兄弟姐妹按照实际人数计算。例如,甲死亡,有配偶和一子一女,父母健在,则其遗产由五位第一顺序的法定继承人继承,应继份比例为每人1/5。如果甲死亡时,配偶已经离婚,母亲已经先逝,其遗产由一子一女和父亲三人继承,应继份为每人1/3。

二、打破均等份额的情形

按照均等份额确定应继份是一般性原则。本条第2款以下各款规定了各种遗产可以不均等分配的情形,调整应继份多依据照顾弱者、权利与义务相一致、生活的密切程度、意思自治等考量因素。本条是司法裁判中经常被引用的法律条文。以下情形可以打破均等份额:

(一)对生活有特殊困难又缺乏劳动能力的继承人,分配遗产时,应当予以照顾

生活有特殊困难一般是指不能维持当地较低的生活水平,可以包含多种情况,如继承人属于收入较少的低保贫困人群,或者由于疾病、残障而存在生活上的困难,或者由于年幼、年老等因素而产生特殊困难等。所谓"特殊"主要是与当地普通人的生活条件以及其他继承人的生活条件相比较而言。缺乏劳动能力是一个必要因素。即生活有特殊困难一般是因缺乏劳动能力造成的。因文化水平低,没有一技之长、生活能力低或者有不良嗜好而导致生活困难,但有劳动能力的,通常不予照顾。对于缺乏劳动能力的继承人,生活上有特殊困难的,不是可以照顾而是应当照顾。

(二)对被继承人尽了主要扶养义务或者与被继承人共同生活的继承人,分配遗产时,可以多分

基于权利义务相一致原则,如果对被继承人尽了主要扶养义务则可以适当增加应继份额。司法实践认为,对被继承人生活提供了主要经济来源,或在劳务等方面给予了主要扶助的,应当认定其尽了主要赡养义务或主要扶养义务。与被继承人共同生活的继承人形成了生活共同体,关系更加密切,经济关联性强,因此可以由法官裁量适当多分遗产份额。有扶养能力和扶养条件的继承人虽然与被继承人共同生活,但对需要扶养的被继承人不尽扶养义务的,不但不能多分,还可以少分或者不分。

(三)有扶养能力和有扶养条件的继承人,不尽扶养义务的,分配遗产时,应当不分或者少分

本款适用的前提是:(1)继承人对被继承人有扶养义务。此要件的存在是因为在我国的亲属法上并非所有的继承人都有扶养义务。(2)继承人不尽扶养义务。本条中的"不尽扶养义务"不需要达到遗弃的严重程度,否则就是继承权丧失的问题。本条中减少或者不分遗产的继承人仍以享有继承权为前提,不同于继承权的丧失。继承人愿意尽扶养义务,但被继承人因有固定收入和劳动能力,明确表示不要求其扶养的,分配遗产时,不因没有扶养事实而影响其继承份额。(3)继承人有扶养能力和扶养条件。如果继承人因为年幼、患病、在边疆服兵役等没有扶养条件和能力则不应减少其应继份额。

(四)继承人协商同意的,也可以不均等

法定应继份均等原则不是强行性规范而是任意性规范,继承人可以基于意思自治达成协议改变继承份额。例如,有的父母愿意将自己的应继份分给被继承人的子女,双方同意,又不影响他人利益的,应当允许。应继份协议是针对遗产份额的协议,不同于遗产分割协议。遗产分割协议涉及遗产分割的时间和方法,应由全体继承人达成协议。而应继份协议不涉及遗产如何分割问题,仅涉及应继份额的确定。当事人协商确定应继份,是在继承人之间对应继份额的处分①,不同于向继承人之外的第三人转让应继份的继承权,也不同于遗产分割后的转让所有权。由于协议的内容是确定份额比例,而不是协议一方放弃继承权导致的遗产在其他继承人之间重新分配,因此,应继份协议也不同于放弃继承权。

除了上述打破均等份额的法定情形外,对于继承人与被继承人之间的感情因素也应当给予适当考虑。毕竟人是有情感的生物,法定继承不能背离人的正常情感。例如,兄弟交恶,已无亲情或者夫妻虽未离婚但感情已经破裂,虽不丧失继承权,但可以作为可以少分或不分的事由来加以考虑。

---

① 应继份的处分包括在继承人之间的处分和向继承人之外的第三人的处分。对于应继份是否可以向第三人让与,各国立法立场不同。但对于继承人之间的应继份处分并不禁止。参见史尚宽:《继承法论》,中国政法大学出版社2000年版,第188—197页。

第一千一百三十一条 对继承人以外的依靠被继承人扶养的人，或者继承人以外的对被继承人扶养较多的人，可以分给适当的遗产。

释　义

本条是关于遗产酌分请求权的规定。

一、遗产酌分请求权的含义

所谓遗产酌分请求权，是指继承人以外的依靠被继承人扶养的人，或者继承人以外的对被继承人扶养较多的人请求分得适当遗产的权利。遗产酌分请求权又称遗产酌给请求权、酌情分得遗产权。德国、日本、俄罗斯的民法中虽有类似制度，但彼此之间的理论基础和制度结构差异较大，很难将某一域外法制度作为源头。我国学者认为遗产酌分请求权具有中国法律之传统特色。

遗产酌分请求权的功能，是为与被继承人生前持续存在扶养关系，却不能通过继承取得遗产的继承人以外的人，提供一种酌情分得遗产的途径。例如，非婚同居者之间、养子女与生父母之间存在扶养关系的，可以主张遗产酌分请求权。遗产酌分请求权可以增加继承制度的弹性，满足非继承人的合理财产诉求，对因扶养而产生的特别关系人的利益起到衡平作用。由于我国的遗产酌分请求权适用于多种情形，所以其理论基础并不统一。对于被继承人生前有法定扶养义务的被扶养人而言，遗产酌分请求权具有死后扶养的指导思想；对于没有法定扶养义务的被扶养人而言，遗产酌分请求权是关爱和人道的体现，也符合被继承人可推知的意思；对于对被继承人扶养较多的人而言，则是一种报偿，是公平正义观念的体现。不同情形下的遗产酌分请求权，有不同的解释论基础，若不能合理区分则会产生逻辑矛盾。例如，若认为既然被继承人生前已经为没有扶养义务之人付出很多，被继承人死后还要酌分遗产，似违背权利义务相一致原则或公平原则，但此时的理论基础不是公平正义而是关爱与符合被继承人的终意推定。

二、遗产酌分请求权的要件

遗产酌分请求权有两种类型，即继承人以外的依靠被继承人扶养的人的遗产酌分请求权和继承人以外的对被继承人扶养较多的人的遗产酌分请求权。不同类型的构成要件也有差别。

（一）受扶养人的遗产酌分请求权

1.权利主体是继承人以外的人。

首先，继承人以外的人主要是指法定继承人范围之外的人。例如，被他人收养的人的亲生父母不属于被收养人的法定继承人，如果被收养人生前持续扶养亲生父母，则继承开始后，其亲生父母可以主张遗产酌分请求权。

其次，继承人以外的人也包括不享有继承既得权的后顺序法定继承人。《最高人民法院关于贯彻执行民事政策法律若干问题的意见》中认为，在有第一顺序继承人的情况下，如果第二顺序继承人对被继承人尽过较多义务或不能独立生活依靠被继承人扶养的，在分割遗产时应给予适当照顾。例如，被继承人生前对子女已经死亡的祖父母、外祖父母尽了赡养义务，但由于被继承人有配偶、子女，祖父母、外祖父母作为第二顺序法定继承人不能继承遗产，但可以主张遗产酌分请求权。

遗产酌分请求权人是被扶养人时，只能是自然人。

2.须有被继承人生前对其持续扶养的事实。

持续扶养是指扶养的状态一直持续到被继承人死亡之时止。扶养时间长短虽可考量，但不是决定因素。因为我国的立法没有像俄罗斯那样，规定一个具体的持续扶养期限。① 这就增加了自由裁量的空间。被继承人与被扶养人之间无论存在法定扶养义务关系，还是仅为事实上的扶养关系均没有差别，只要生前实际上受扶养之事实存在，即符合本要件。

3.受扶养人是缺乏劳动能力又没有生活来源的人。

《继承法》规定受扶养人是缺乏劳动能力又没有生活来源的人时，才享有遗产酌分请求权。《民法典·继承编》只表述为"依靠被继承人扶养的人"，删去了"缺乏劳动能力又没有生活来源"的规定。并非是不要求此要件，而是可以更好地适应不同的情况。对于有法定扶养义务的人，只需满足法律所规定的扶养义务产生条件即可，对于没有法定扶养义务的人，"依靠被继承人扶养"本就包含了"缺乏劳动能力又没有生活来源的"的要求。若有劳动能力或

---

① 《俄罗斯联邦民法典》第1144条第2款规定，在继承开始之日无劳动能力，但又不属于参加继承的顺序，如果在被继承人死亡前有一年以上受被继承人供养，则无论他是否与被继承人共同生活，则与该顺序的法定继承人同等享有法定继承权。

生活来源，无须受他人抚养，也就失去了照顾的伦理基础。如被继承人包养的姘妇，不得主张遗产酌分请求权。

4.受扶养人未受相当的遗赠或赠与。

如果被继承人为受扶养人留有与遗产酌分相当的遗赠或赠与，则已经达到对受扶养人关照的目的，无再行主张酌分遗产的权利。

（二）扶养人、扶助人的遗产酌分请求权

1.权利主体是继承人以外的人。

扶养人、扶助人通常是自然人，但也不排除法人或非法人组织成为扶养人、扶助人。此点与前一种类型受扶养人只能是自然人不同。

2.对被继承人扶养较多。

扶养较多，是指较多给予劳动扶助、精神慰藉等生活上的关照和经济上的扶助的事实状态，至于是否有法定扶养义务在所不问。扶助也不要求一定达到扶养的程度。

3.扶养人未受相当的遗赠或赠与。

与遗赠扶养协议不同，酌分请求权人获得遗赠或赠与，与其扶养行为不是对价关系，但遗赠或赠与可以是对扶养人付出的一种报偿。遗产酌分请求权人因受遗赠或被继承人生前赠与而取得的财产，应当归入到遗产酌分份额中。

三、遗产酌分请求权的性质

遗产酌分请求权就其性质而言，是继承开始后，基于被继承人生前扶养扶助或被扶养扶助事实而产生的法定遗产债权。遗产酌分请求权不同于物权请求权，该权利并不指向遗产中的特定物，而是指向一个数额需要进一步确定的给付。遗产酌分请求权不同于继承权。酌分的含义就是没有像继承权那样明确的应继份，而且也不像继承人那样概括承受被继承人的权利和义务。遗产酌分请求权不同于被继承人生前负担的债务。作为继承的效力，遗产酌分请求权自继承开始后才产生，不属于被继承人的生前债务，也不属于继承人的个人债务，是以遗产为限的法定遗产债权。酌分请求权的清偿顺序劣后于一般的遗产债权。与遗赠处于相同的效力位阶。我国台湾学者有主张酌分请求权效力优于遗赠者，然而我国大陆的遗产酌分请求权不仅包括对被扶养人的照顾，还有对扶养人的回馈，均是法律推定被继承人的意愿并用剩余遗产偿付的债务，与遗赠目的更加类似。没有必要区分不同类型的遗产酌分请求权而设置烦琐的效力规则。当被继承人的遗产清偿税款和生前债务后,剩余的部分不足以对受遗赠人和遗产酌分请求权人全额清偿的,应当按照比例清偿。

遗产酌分请求权的法律效果是"可以分给适当的遗产"。"可以"是指分得遗产份额上的裁量权,对此权利的存在与否是不可以裁量的。就是否成立遗产酌分请求权的确认上是强制性规范,符合构成要件的,即"应当"确认权利的存在。我国《民法典》没有规定酌分请求权的数额确定方法。司法实践的立场是:可以分给适当遗产的人,分给他们遗产时,按具体情况可多于或少于继承人,在没有其他继承人继承的场合,也可以取得全部遗产。

遗产酌分请求权的行使方式是在知道继承开始后的合理期间内及时向继承人或遗产管理人主张权利。行使权利的合理期间不同于诉讼时效,由于法律未作明确规定,需要实践中以司法解释的方式予以完善。《继承法意见》中规定"在遗产分割时,明知而未提出请求的,一般不予受理;不知而未提出请求,在二年以内起诉的,应予受理"。但很多单独继承没有遗产分割这一环节,以此为时间节点缺乏可操作性。

第一千一百三十二条　继承人应当本着互谅互让、和睦团结的精神,协商处理继承问题。遗产分割的时间、办法和份额,由继承人协商确定;协商不成的,可以由人民调解委员会调解或者向人民法院提起诉讼。

释　义

本条是关于继承纠纷解决方式的规定。

一、继承纠纷的特殊性

继承纠纷多会涉及财产与亲情,处理得当会化解矛盾,促进社会安定,维护家庭和睦,增进亲人情感;处理不当,就会激化矛盾,使亲人反目,家庭破裂,造成次生情感损害,甚至一场官司三世仇。由于继承纠纷不同于一般的财产纠纷,具有特殊性,继承纠纷的解决,其所追求的价值目标不局限于公平正义,更重要的是在解决财产纠纷的同时,避免过度损害亲情,以和为贵。在利益考量上,亲情友爱的伦理价值优于公平正义的法律价值。即所谓"爱优于正义"。

本条强调继承人应当本着互谅互让、和睦团结的精神,协商处理继承问题。该句不包含法律规范,而是法律通过对价值目标的明确,引导和鼓励继承人如何自行处理解决继承中的各种纠纷和问题。依据习俗,很多继承纠纷都可以通过亲属会议、长辈调解、充分协商等方式自行解决。继承纠纷的解决充分依赖继承人之间的友好协商,尊重意思自治。法律鼓励继承人之间互相体谅、互相让步,唤醒亲情,达成和解。为日后亲人间的交往留有余地。

如果继承人之间的纠纷不能协商解决,而是进入诉讼程序,法院也必须先行调解。依据“能调则调,当判则判,调判结合,案结事了”的原则,尽可能进行调解。尤其对于判决后可能激化矛盾的继承案件更是如此。无论是调解还是判决,都争取双方服判,案结事了。最大化地实现对继承权的保护的同时,还以维护亲情与家庭和睦这一精神利益为追求目标。

调解时要立足于亲情,找到突破口,耐心释法引导,唤起对和睦家庭的回忆和向往,借助于当事人亲属做说服教育工作,以亲情感化消除对立,为调解成功奠定基础。① 例如,《民法典·继承编》没有规定生存配偶的法定居住权制度。被继承人的子女为分割父亲遗产,请求继母迁出多年居住之屋。如果继母年迈多病且无其他房屋可住,简单依据法定应继份判决分割遗产,不会有良好的社会效果。法官依据“父母在不分异”的中国传统习俗,借鉴域外法配偶居住权的法理,通过亲情感化,成功劝说当事人暂缓分割遗产。两年后,继母病逝,继承纠纷自然化解。

二、继承纠纷的解决途径

(一) 继承人协商解决

当事人意思自治,通过协商达成协议而解决继承纠纷,是最理想的、首选的方式。可以有效实现分配财产和维护亲情的双重目标。

依据本条,对遗产分割的时间、办法和份额,可以由继承人协商确定。实践中,可以协商解决的继承问题,远不止遗产分割的时间、办法和份额这三种代表性的情况。只要是继承人可以自由处分的利益,都可以通过协商,达成协议,而实现符合自己意志的安排。其中,关于遗产分割时间和办法的协议属于遗产分割协议,关于确定继承份额的协议属于应继份协议。继承人对遗产分

---

① 参见杨立新、王毅纯:《继承法一本通》,法律出版社 2019 年版,第 228 页。

割的时间、办法和份额达成的协议为不要式法律行为。协议可以是双方或多方法律行为。继承人之间因继承遗产而达成的协议，只要符合当事人适格、意思表示真实、内容和形式不违反法律强制性规定等民事法律行为有效要件，对当事人即具有约束力。

（二）人民调解

人民调解是通过人民调解委员会这一社会组织以说服、疏导等方法，促使当事人在平等协商基础上自愿达成调解协议，解决民间纠纷的活动。

继承纠纷不属于仲裁委员会管辖的案件范围，但可以通过人民调解委员会进行人民调解。人民调解不收取任何费用，是其优势。经人民调解委员会调解达成调解协议的，可以制作调解协议书，具有法律约束力，当事人应当按照约定履行。经人民调解委员会调解达成调解协议后，双方当事人认为有必要的，可以自调解协议生效之日起 30 日内共同向人民法院申请司法确认。人民法院依法确认调解协议有效，一方当事人拒绝履行或者未全部履行的，对方当事人可以向人民法院申请强制执行。人民法院依法确认调解协议无效的，当事人可以通过人民调解方式变更原调解协议或者达成新的调解协议，也可以向人民法院提起诉讼。

（三）诉讼

发生继承纠纷不能协商解决的，可以向有管辖权的人民法院提起诉讼。因继承遗产纠纷提起的诉讼，由被继承人死亡时住所地或者主要遗产所在地法院管辖。由于继承遗产的诉讼是必要共同诉讼，部分继承人起诉的，人民法院应当通知其他继承人作为共同原告参加诉讼；被通知的继承人不愿意参加诉讼又未明确表示放弃实体权利的，人民法院仍应将其列为共同原告。但是，在继承开始后已明确表示放弃继承权的，可不予追加。

第三章　遗嘱继承和遗赠

本章导言

　　《民法典·继承编》的第三章是"遗嘱继承和遗赠"。遗嘱继承和遗赠是继承制度中充分体现遗嘱自由的部分。本章设置 12 个条文以保护遗嘱自由的实现。同时,为兼顾对特殊弱势继承人的人文关怀,维护养老育幼的传统美德,维护公序良俗,在特殊情况下限制了遗嘱人的意思自治。本章分别规定了:遗嘱处分;自书遗嘱、代书遗嘱、打印遗嘱、录音录像遗嘱、口头遗嘱、公证遗嘱六种遗嘱形式;遗嘱见证人;必留份制度;遗嘱的撤回;遗嘱无效;附负担的遗嘱继承和遗赠。本章中新修改的规定主要有:(1)适应现代生活方式的需要,增加了打印遗嘱、录像遗嘱的遗嘱形式;(2)对口头遗嘱的效力做了新的规定;(3)废除了自书、代书等遗嘱不得撤销、变更公证遗嘱的规定,公证遗嘱效力不再优先;(4)不能作为遗嘱见证人的人员范围中增加了不具有见证能力的人,如盲人;(5)将遗嘱撤销改为遗嘱撤回,使法律用语更加准确。并增加了以相反行为撤回遗嘱的拟制规定。

　　第一千一百三十三条　自然人可以依照本法规定立遗嘱处分个人财产,并可以指定遗嘱执行人。

　　自然人可以立遗嘱将个人财产指定由法定继承人中的一人或者数人继承。

　　自然人可以立遗嘱将个人财产赠与国家、集体或者法定继承人以外的组织、个人。

　　自然人可以依法设立遗嘱信托。

释　义

本条是关于遗嘱继承与遗赠的规定。

基于私法自治原则,被继承人可于其生前通过设立遗嘱的形式对其死后的遗产分配等事宜作出事先的安排,并于其死亡时发生效力。此种通过遗嘱形式处分自己死后财产的制度主要包括遗嘱继承与遗赠。继承开始后,有遗嘱的适用遗嘱继承或遗赠,无遗嘱或遗嘱未处分的遗产适用法定继承之规定。遗嘱是遗嘱人生前作出的财产处分,于其死后发生法律效力的要式单方法律行为。遗嘱只需遗嘱人单方的意思表示即可成立,无须相对人的同意。遗嘱人原则上可以通过设立遗嘱自由处分自己的遗产,无须征得任何人的同意,但遗嘱人必须通过法律规定的遗嘱形式设定遗嘱,故其为要式法律行为。

遗嘱人虽可通过遗嘱继承与遗赠的方式处分自己的财产,但两者存在区别,不可不辨。

一、遗嘱继承与遗赠的区别

首先,由本条第 2 款与第 3 款之规定可知,受遗赠人只能是法定继承人以外的自然人或组织,包括国家、集体或其他第三人(法人或非法人组织等)。而遗嘱继承人则只能是法定继承人范围内的人,不能是法定继承人以外的人。

其次,受遗赠人只承受遗产利益,不承受遗产债务,或言之,遗嘱人只能将遗产利益遗赠予他人;反之,遗嘱继承人不但包括继受遗产利益,也包括继受遗产债务,即继承是权利与义务的概括承受。

最后,继承开始后,受遗赠人接受遗赠只能以明示的方式作出接受的意思表示,其未在规定期限内作出接受遗赠的意思表示的,视为其放弃接受遗赠;而对于遗嘱继承人而言,其接受继承的意思表示既可以以明示方式,也可以以默示方式作出,其未在遗产处理前作出放弃继承表示的,视为接受继承。

二、遗嘱的有效要件

(一) 遗嘱人在立遗嘱时须具有遗嘱能力

1.遗嘱能力的立法模式。

在各国民法中,具有完全行为能力的人都具有遗嘱能力,而无行为能力的人不具有法律行为的意思能力,因而不具有遗嘱能力。限制行为能力人是否具有遗嘱能力的问题,各国立法形成了两种不同的模式:(1)遗嘱能力与民事行为能力相一致。此种立法模式将遗嘱能力与民事行为能力统一起来,并未对被继承人的遗嘱能力作出不同于民事行为能力之规定,此时应适用关于民事行为能力之规定。也就是说,只有完全行为能力人始具有遗嘱能力,而限制行为能力人不具有遗嘱能力。(2)遗嘱能力与行为能力不一致。在此种立法模式下,民法对于遗嘱能力作出不同于民事行为能力之规定。有遗嘱能力的人不一定有完全民事行为能力;民事行为能力受到限制的人不一定没有遗嘱能力。也就是说,承认在一定条件下的限制民事行为能力人也可以有效设立遗嘱。民事行为能力制度系为保护未成年人或辨识能力有欠缺的人的利益及交易安全而设,而遗嘱系单方法律行为,与交易安全无涉,因此,具有识别自己行为及行为后果能力的未成年人,也应当具有遗嘱能力。我国民法典采第一种立法模式。

2. 有无遗嘱能力的判断时点。

判断遗嘱人遗嘱能力之有无应以其设立遗嘱时为准。之所以以遗嘱人设立遗嘱之时作为判断有无遗嘱能力之时点,是因为在遗嘱生效之前,遗嘱人可以随时撤回或变更其所立遗嘱。至于遗嘱人于设立遗嘱之时具有遗嘱能力,事后又丧失遗嘱能力时,该情形对遗嘱之效力不发生影响。但由于遗嘱人立遗嘱后丧失遗嘱能力,则自不可撤回或变更其所立之遗嘱。而遗嘱人于立遗嘱之时无遗嘱能力,纵令事后取得遗嘱能力,其所立遗嘱也不因此而有效。

3. 患有盲、聋、哑等生理疾病的人的遗嘱能力。

自然人因其听觉器官或发声器官存在生理上的缺陷,致使其听觉器官不能正常接收来自外界的空气振荡,或者其发声器官不能正常进行空气振荡使他人感知自己的意思者,即为聋哑、失明等患有生理疾病的人。其是否具有遗嘱能力的核心是是否具有理解认知遗嘱行为并预见相应的行为后果的意思能力。而患有盲、聋、哑等生理疾病者,非必精神耗弱而不能处理自己之事务,俗话说"盲目不盲心"即喻盲人之心力不下于常人。现今大多数立法例均认为非精神病的盲人、聋哑人当然具有遗嘱能力,可以立遗嘱,但因其自身条件的限制,这部分人在立遗嘱时应当具有相应的特殊性,即应当选择能够充分真实表达其意思的遗嘱形式。

《民法典》第 1143 条规定"无民事行为能力人或者限制民事行为能力人

所立的遗嘱无效",即采遗嘱能力与民事行为能力相一致的做法。所以,遗嘱人须具有完全民事行为能力。理论上有争议的是,遗嘱人具有遗嘱能力是遗嘱的有效要件抑或生效要件? 有观点认为,遗嘱是由遗嘱人生前作出的,于遗嘱人死亡时发生效力的单方法律行为。因此,遗嘱必须具备法律规定的一定的条件,才能发生法律效力,而该条件即为生效要件。遗嘱人具有遗嘱能力即为遗嘱的实质生效要件之一,以确保遗嘱乃遗嘱人的真实意思表示。通说认为,遗嘱人具有遗嘱能力乃遗嘱有效的要件而非生效之要件。具体而言,法律行为的生效与有效截然不同,已成立的遗嘱如违反法律规定的遗嘱行为有效要件即为无效的遗嘱,而遗嘱生效则是指有效的遗嘱自遗嘱人死亡时发生效力,即遗嘱继承人、受遗赠人依照遗嘱的具体内容取得相关的遗产权利。

（二）遗嘱须为遗嘱人的真实意思表示

遗嘱是遗嘱人对其死亡后财产的死因处分,所以遗嘱必须为遗嘱人真实的意思表示。遗嘱必须由遗嘱人亲自设立,不适用代理制度,即使是法定代理人也不得代理无行为能力或限制行为能力人设立遗嘱。受胁迫、欺骗所立的遗嘱以及伪造的遗嘱无效。遗嘱被篡改的,篡改的内容无效。

（三）遗嘱内容不得违背公序良俗

遗嘱人基于遗嘱自由原则可任意处分其遗产。原则上只要遗嘱人自认为合理,即可通过遗嘱任意处分其财产,即使其处理结果在客观上看起来不那么公平合理。但遗嘱自由也同样应受《民法典·总则编》规定的公序良俗原则的限制,遗嘱内容不得违背公序良俗,否则无效。

应强调的是,在判断遗嘱内容是否违背公序良俗时,应依遗嘱本身是否存在背俗之情事,而不能以遗嘱以外的生活事实是否背俗为判断对象,此在司法实践中涉及的"情人遗赠"纠纷中尤为重要。"在判断法律行为是否违反善良风俗时,人们倘使不以法律行为为准而是以行为人是否具有道德上的可责性作为判断的基础,是十分危险的。如果人们仅考虑行为人道德上的可指责性,则法官的判决将沦为对当事人道德情操的判断。然而,法官的使命却不在于判断当事人的道德情操。"[1]也就是说,违反善良风俗针对的是法律行为的无效,而不是法律行为之外的日常生活事实行为,故日常生活事实行为背俗并不影响法律行为的效力,只要法律行为本身不违反善良风俗,其效力就不应该被

---

[1] 参见[德]维尔纳·弗卢梅:《法律行为论》,迟颖译,法律出版社 2013 年版,第 444 页。

否定。在判断此类遗嘱是否违背公序良俗时,有时候还需要审查遗嘱人的动机,以确定是否违反善良风俗。倘若遗嘱人的动机完全是为了奖励受遗赠人委身于自己或为继续维持这种两性关系,该处分就会被视为违反善良风俗。[①]如果遗嘱人将遗产赠与其情妇以旨在酬谢其满足自己的性欲或旨在决定或加强这种两性关系的继续,那么遗赠通常被认为是违反善良风俗的。相反,如果遗嘱人具有其他动机,即如旨在给其情妇提供生活保障,则这种遗赠并不因其与婚外异性通奸而无效。

(四)遗嘱形式符合法律规定

大陆法系一般将遗嘱规定为要式行为,要式行为的形式不能由当事人自由决定,非依法定形式作成,不能发生法律效力。如根据《德国民法典》第125条[②]之规定,没有遵守法律规定的形式,通常导致法律行为无效。甚至法官出于职权,必须在诉讼中注意形式瑕疵,即使没有当事人认识到或者主张形式瑕疵。因此,遗嘱违反《德国民法典》第2231条以下的形式要求的,依第125条第1款之规定无效。但我国民事立法并未明确规定欠缺法定形式要件的法律行为无效,《继承法》也并未规定形式上存在瑕疵的遗嘱无效。立法未能明确规定形式瑕疵遗嘱的效力,致使司法裁判的结果大相径庭,理论学说也莫衷一是。持无效观点者认为,遗嘱是要式法律行为,法律对遗嘱的形式有明确规定,遗嘱人只能按照法律规定的形式制作遗嘱,不按照法律规定的形式设立的遗嘱,不能发生效力。持可撤销观点者认为,如果法律对遗嘱形式的要求过分严格,凡不符合法律规定的形式要件的遗嘱均为无效的话,那么遗嘱人的真实意思自由反而无法得到较好的保障。此外,遗嘱毕竟一般仅对继承人和受遗赠人以及其利害关系人有利害关系,而不涉及社会公共利益。所以对于欠缺形式要件的遗嘱以规定为可撤销的遗嘱为宜。越来越多的人意识到遗嘱形式强制固然有利于在最大程度上确保遗嘱内容的真实,但是在现实社会生活中形式瑕疵的遗嘱大量存在,但其确为遗嘱人的真实意思表示,如果在此情形仍然固守遗嘱形式强制则难免违背遗嘱形式强制的初衷及遗嘱人的真意。因此,应尽量缓和遗嘱形式瑕疵对遗嘱效力产生的影响。

---

① 参见[德]雷纳·弗兰克、托比亚斯·海尔姆斯:《德国继承法(第六版)》,王葆莳、林佳业译,中国政法大学出版社2015年版,第37页。

② 该条规定:"欠缺法律所规定的形式的法律行为,无效。有疑义时,法律行为所定的形式的欠缺同样导致无效。"

遗嘱形式强制的功能和目的无非是保证遗嘱内容的真实性,以保证其确为遗嘱人的真意表达,提醒遗嘱人谨慎行事。严格的遗嘱形式要件作用在于继承开始后无法通过与遗嘱人对质的方式查明其内心真意,法律通过形式强制引导广大民众订立符合法律规定的遗嘱,以便日后有利于查明其真实意愿,定分止争。虽然不能完全取消遗嘱的形式强制,但这种一刀切的做法也容易产生另外的不公平,即当遗嘱人的真意能够通过其他证据得以确证,却因疏忽大意或其他原因而没有完全符合遗嘱的法定形式要件导致遗嘱无效。片面地、机械地遗嘱"形式强制"反而违背了遗嘱人的真实意愿,也与遗嘱要式性的立法目的相悖。私法的目的在于尊重和保障当事人的意思自治,而非阻却私权的实现。因此,对于形式上存在瑕疵的遗嘱,应当综合瑕疵的严重性程度、有无其他能够证明遗嘱真实性的证据等因素,综合认定形式瑕疵遗嘱的效力,不能机械地采取一刀切的做法。此种理念在《继承法意见》中已有体现,即"继承法实施前订立的,形式上稍有欠缺的遗嘱,如内容合法,又有充分证据明确为遗嘱人真实意思表示的,可以认定遗嘱有效"。

三、遗嘱执行人

根据本条第 1 款规定,遗嘱人可以通过遗嘱指定遗嘱执行人。遗嘱执行人是指为执行遗嘱而被指定或选任之人。若遗嘱人在遗嘱中指定了遗嘱执行人或委托他人代为指定,自应尊重遗嘱人的意思。遗嘱人未指定遗嘱执行人或指定的遗嘱执行人拒绝担任遗嘱执行人的,由遗嘱人的继承人或遗产管理人负责执行遗嘱。继承人为多数的,全体继承人为被继承人遗嘱的共同执行人。继承人也可以共同推举一人或数人作为代表来执行遗嘱。

遗嘱执行人主要有以下职权:(1)及时清理与遗嘱有关的遗产,并编制遗产清单。(2)管理遗产。管理遗产本应由继承人或遗产管理人为之,于遗嘱继承或遗赠中,为便于遗嘱执行人执行遗嘱,遗嘱执行人有遗产管理权。但遗嘱执行人管理遗产首先应遵照遗嘱人的指示,无指示时,其管理权限仅限于与遗嘱有关的遗产,与遗嘱无关的遗产,仍由继承人或遗产管理人管理。(3)参加与遗嘱有关遗产的诉讼。如遗产被他人无权占有,遗嘱执行人应以自己之名义提起诉讼,请求返还该遗产。受遗赠人请求履行交付遗赠物的诉讼,也应以遗嘱执行人为被告。(4)执行遗嘱所必要的其他行为。如遗嘱执行人就遗赠不动产办理所有权移转登记、排除遗嘱执行的各种妨害等。

四、遗嘱信托

本条第 4 款内容"自然人可以依法设立遗嘱信托"是《民法典》提交全国人大审议时新增的内容。

（一）遗嘱信托的含义

所谓"遗嘱信托"，是指以遗嘱方式设立的信托。具体而言，是指委托人（遗嘱人）采用遗嘱方式设立的，于遗嘱生效时，将信托财产转移给受托人，并由受托人依照委托人的意愿对信托财产为受益人的目的而进行管理和处分的信托。所以，遗嘱信托是信托与遗嘱的结合，是委托人生前通过遗嘱方式设立，并于其死后生效的信托。

（二）遗嘱信托的功能

与委托代理、遗嘱相比，遗嘱信托具有其自身的独特功能，从而使其具有制度上的优势。

首先，遗嘱信托设立后，遗嘱中指定的信托财产具有独立性，既独立于委托人遗留的遗产，也独立于受托人与受益人的个人财产。遗嘱人将其在遗嘱中指定的财产设立遗嘱信托后，遗嘱信托一旦生效，遗产所有权即转移与受托人所有。对于受托人而言，其虽然取得了遗嘱信托财产的所有权，但仅为名义上的所有权，受托人无权取得信托财产的收益。对于受益人而言，在遗嘱信托存续期间，虽然其对信托财产并无所有权，但可以享受信托财产所产生的收益。正因信托财产的此种独立性，或者说信托财产所有权与收益权的分离，使得遗嘱人（委托人）去世后，依然能够保障信托财产的安全，而不致被受益人挥霍一空。遗嘱信托的这一功能在继承人为未成年人时显得尤为重要。

其次，不论是法定继承还是遗嘱继承，最终都需要进行遗产的分割。但在现实生活中，有的遗产并不适宜分割，同时继承人之间在遗产分割时产生矛盾与纠纷的现象也时有发生。而设立遗嘱信托即可使上述现象迎刃而解，即通过遗嘱设立遗嘱信托可避免遗产分割所带来的不便。

正是因为遗嘱信托所具有的独特理论构造与功能，才使得继承制度中的诸多缺陷得以克服。

（三）遗嘱信托的设立与生效

首先，根据《中华人民共和国信托法》第 13 条规定"设立遗嘱信托，应当遵守继承法关于遗嘱的规定",以及第 8 条规定包括遗嘱信托在内的所有信托类型均采要式主义,即必须采用书面形式设立。因此,遗嘱信托便不能采用本编所规定的口头遗嘱形式设立。

其次,遗嘱信托的生效不以受托人的承诺为要件。遗嘱信托与采取信托合同以外的其他书面形式设立的信托最大的不同是,遗嘱乃单方法律行为,故不以受托人的承诺为生效要件。遗嘱信托自遗嘱人死亡时生效,并由遗嘱指定的遗嘱执行人将遗产交给受托人,即使受托人拒绝接受财产或先于遗嘱人死亡,也不影响遗嘱信托的效力。根据《中华人民共和国信托法》第 13 条第 2 款的规定,如果遗嘱指定的人拒绝或者无能力担任受托人的,由受益人另行选任受托人;受益人为无民事行为能力人或者限制民事行为能力人的,依法由其监护人代行选任。遗嘱对选任受托人另有规定的,从其规定。

第一千一百三十四条　自书遗嘱由遗嘱人亲笔书写,签名,注明年、月、日。

释　义

本条是关于自书遗嘱的规定。

自书遗嘱是指遗嘱人将其处分遗产的意思表示以亲笔书写的形式表现出来的遗嘱。自书遗嘱因其是由遗嘱人亲笔书写,既可以充分真实地表达遗嘱人的意愿,亦可防止他人伪造、篡改遗嘱内容,同时自书方式也较为简便易行,便于保密,故而在实践中颇为遗嘱人所推崇,各国立法例均设有规定。

一、自书遗嘱的要件

(一) 遗嘱人亲笔书写遗嘱内容

自书遗嘱必须由遗嘱人亲笔书写遗嘱的全部内容,既不能由他人代为书写,也不能用打印或印刷的形式,只能由遗嘱人自己亲笔将其处分遗产的意思记录下来。自书遗嘱并不要求遗嘱上必须带有"遗嘱"字样,只要遗嘱人于相关的书面上亲笔书写记录了对自己死亡之后的相关事务安排,尤其是关于财产处理的安排,在无相反证据证明时,即可认定为自书遗嘱。但应予注意的是,如果遗嘱人对自己死亡后的财产并非正式肯定地作出处理的意思表示,而仅仅是一种处理打算或计划,如在日记或信件中对自己死亡后相关财产的处理作出一种初步打算或安排,即使是遗嘱人亲笔书写也不能认定为自书遗嘱。

（二） 遗嘱人签名并注明年、月、日

自书遗嘱必须由遗嘱人亲笔签名,这是自书遗嘱的基本要求,亲笔签名既能证明该遗嘱确为遗嘱人亲笔书写,也能证明该遗嘱是遗嘱人的真实意思表示。遗嘱人签名应当由遗嘱人亲笔书写其姓名,至于书写的姓名是真名、笔名、艺名抑或是其他的特定称谓均非所问,只要能够表明遗嘱人的身份即可,但不能以盖章或捺印的方式代替。同时,自书遗嘱还应当注明设立遗嘱的具体时间,即必须注明年、月、日。要求自书遗嘱须注明年、月、日,其立法目的主要有二:一是为了判断遗嘱人在设立遗嘱时有无遗嘱能力;二是当存在数份内容相抵触的遗嘱时,设立遗嘱的时间是判断遗嘱效力先后的关键,即应以距离遗嘱人死亡时间最近的遗嘱为准。

二、自书遗嘱的增删与涂改

遗嘱人自书遗嘱时思虑未必周全,其书写遗嘱之后增删、涂改者时常发生。关于自书遗嘱的增删与涂改,本条并未规定,解释上应当认为自书遗嘱如有增删、涂改,则应于增删、涂改之处签名并注明年、月、日,否则增删与涂改的部分无效。

第一千一百三十五条　代书遗嘱应当有两个以上见证人在场见证,由其中一人代书,并由遗嘱人、代书人和其他见证人签名,注明年、月、日。

释　义

本条是关于代书遗嘱的规定。

现实生活中,遗嘱人无书写能力或因身体等原因而无法自书遗嘱内容时,法律自应为其设立遗嘱设立相应的遗嘱形式,此即代书遗嘱。代书遗嘱,即遗嘱人口述遗嘱内容,由见证人中之一人代为书写的遗嘱。

根据本条规定,代书遗嘱应满足以下要件:

（一）遗嘱人须亲自口述遗嘱内容,由一名见证人代为书写

遗嘱作为一种单方法律行为,必须由遗嘱人亲自为意思表示,不适用代理,代书遗嘱并非由代书人代理遗嘱人设立遗嘱,而仅仅是代为书写记录由遗嘱人亲口表述的关于财产处分的意思表示。代书人仅为遗嘱人口述遗嘱的文字记录者和见证者,并非遗嘱人的代理人,不能对遗嘱内容提出任何自己的意见。代书人必须忠实遗嘱人的原意和真意进行记录,不得对遗嘱内容进行修改或篡改。

（二）须有两个以上的见证人在场见证

代书遗嘱须有两个以上的见证人在场见证,代书遗嘱的见证人是参与代书遗嘱并能够证明代书遗嘱真实性的人。如果仅有代书人一人在场为遗嘱人代书遗嘱,不发生代书遗嘱的效力。此外,遗嘱见证人只能由个人担任,任何人不得以组织名义担任遗嘱见证人。

（三）须遗嘱人、代书人与其他见证人在遗嘱上签名并注明年、月、日

代书遗嘱由其中一个见证人代书,代书人将遗嘱内容记录完毕之后,应向遗嘱人宣读其所记录的遗嘱内容,在遗嘱人与其他见证人确认无误之后,由遗嘱人、代书人与其他见证人签名并注明年、月、日。但应当注意的是,代书遗嘱通常是因为遗嘱人因身体条件或其他特殊原因不具有书写能力,且实践中不会书写自己姓名者亦非罕见,故遗嘱人可以用捺印或盖章代替签名。但如果遗嘱人能够书写自己姓名的,不得以捺印或盖章代替签名;另外,遗嘱见证人也不得以捺印或盖章代替签名。

代书遗嘱方式实际上与公证遗嘱方式大同小异,但较之公证遗嘱简便易行且能节省费用,在目前我国社会公证制度尚未普及,且有一些无书写能力或不识字者的情况下,代书遗嘱有存在的价值。故本条设此规定以因应现实需要。虽然代书遗嘱有其存在的价值,但仍受到一些质疑,如有人认为,代书遗嘱既然并非遗嘱人亲自书写,其订立又未经公证机关证明,在当今这种人情社会恐易生流弊。因遗嘱而受利益之人以人情或利益诱使见证人依代书遗嘱的方式串通勾结,通常不易辨别真伪。故对于代书遗嘱的认定不可不慎重。对此,通过要求遗嘱人除非不具有书写自己姓名的能力,否则应亲笔签名并不得以捺印或盖章代替,理应不易伪造。总之,在当前社会背景下规定代书遗嘱符合我国现实国情。然而,随着将来公证制度以及教育的普及,代书遗嘱方式终将失去其存在的意义。

第一千一百三十六条 打印遗嘱应当有两个以上见证人在场见证。遗嘱人和见证人应当在遗嘱每一页签名,注明年、月、日。

释 义

本条是关于打印遗嘱的规定。

打印遗嘱是民法典新增的一种遗嘱形式。打印遗嘱,是指遗嘱内容由电脑排版、打印机输出打印而形成的遗嘱。通常,遗嘱内容由打印机打印,而签名则由遗嘱人亲笔书写。

在民法典编纂过程中,理论与实务界关于打印遗嘱的性质,或者说应否将打印遗嘱规定为一种独立的遗嘱形式,存在着不同的观点:(1)自书遗嘱说。认为打印遗嘱如果有遗嘱人的亲笔签名,可以视为自书遗嘱,电脑打印遗嘱仅仅是一种书写方式和工具,与传统的手写并无本质上的区别。法律应当允许通过打印方式订立遗嘱,但不应将其作为一种独立的遗嘱形式。打印只不过是书写的另一种形式,与手写并没有本质上的差别。公证遗嘱、自书遗嘱、代书遗嘱都可以通过打印的方式表现出来,特别是公证遗嘱通常都是打印的。因此,如果将打印遗嘱作为与其他形式的遗嘱并列的一种遗嘱方式,它们相互之间会发生混淆。因此,应扩大书写的含义,将打印涵盖在内,允许自书遗嘱、代书遗嘱采用打印的方式。当然,通过打印方式订立的遗嘱在程序要素上应当有更为严格的要求,如要求遗嘱人和见证人在每页上签字。(2)代书遗嘱说。认为,打印遗嘱应视为代书遗嘱的范畴。电脑打印不像亲笔手写般具有唯一性,无论是自己打印还是他人代为打印,其形式都是人作用于“智能化”工具的产物,“智能化的电脑”书写与他人书写实无二致。当遗嘱人自己不方便操作电脑,而委托他人代为输入文字时,其实与委托他人代为书写遗嘱并无实质区别,因此打印遗嘱应当适用代书遗嘱的规定。(3)折中说。认为电脑打印作为书面文书的形成工具和形成方式来说,与传统书写工具“笔”和书写方式“手写”之于遗嘱的形成从法律本质上并无不同。打印遗嘱不能笼统地认定为自书遗嘱或代书遗嘱。打印遗嘱在法律上究竟应解读为何种遗嘱,应当结合被继承人是否具有计算机操作能力、遗嘱形成过程等方面综合加以认定。(4)无效遗嘱说。认为打印遗嘱既非自书遗嘱亦非代书遗嘱,凡是采用打字机打印、铅印或交付印刷厂印刷的遗嘱,都不具有法律效力。因为打字机打印、铅印或交付印刷的遗嘱难以保证不被篡改、伪造、添加等。打印遗嘱既不符合亲笔书写的自书遗嘱要求,也不符合代书遗嘱的要求,尽管《继承法》关于代书遗嘱没有明确规定"代书"必须是用笔墨代书,但如果承认代书可以用电脑打印代替,则会出现请他人代为打印遗嘱可能有效,而自己打印遗嘱则无效的荒诞情形。打印遗嘱非我国《继承法》规定的五种遗嘱形式之任何一种,故应认定为无效。(5)新型遗嘱说。认为打印遗嘱是一种新兴的遗嘱形式,不认可打印遗嘱的效力将有悖于时代发展与司法进步。现在很多人习惯于电脑打字而不是亲笔写字。增设打印遗嘱符合我国民众现实需要。打印遗嘱的特点,既不同于自书遗嘱,也不同于代书遗嘱。因此,应将这种既不属于自书遗嘱也不属于代书遗嘱的打印遗嘱,单列为一类新的遗嘱形式予以规定。

本条规定顺应随着电脑的日益普及所带来的传统书写方式改变的趋势,不论是遗嘱人自己输入打印还是他人代为输入打印,均与"自书或代书"遗嘱所要求的亲笔书写大相径庭,故将打印遗嘱作为一种新型遗嘱形式予以规范,以适应现实生活的需要。打印与亲笔书写或他人代书之间绝非书写工具的差异,一般而言每个人的书写笔迹并不相同,且不易被人轻易模仿或伪造,通过笔迹认定即可在最大限度内判断遗嘱是否为遗嘱人书写。而打印形式则非常易于伪造,因此日本判例也认为,自书要求根据笔迹乃本人所书,打印的遗嘱不能认定为"自书"。同时,为了防范打印遗嘱极易伪造的风险,本条规定了较自书遗嘱更为严格的条件,即应当有两个以上的见证人在场见证同时在打印遗嘱的每一页上应当有遗嘱人、见证人的签名并注明年、月、日。

第一千一百三十七条　以录音录像形式立的遗嘱,应当有两个以上见证人在场见证。遗嘱人和见证人应当在录音录像中记录其姓名或者肖像,以及年、月、日。

释　义

本条是关于录音录像遗嘱的规定。

　　录音录像遗嘱,是指以录音或录像形式,通过录制遗嘱人口述的遗嘱内容而形成的遗嘱。录音录像遗嘱是现代科技发展的产物,也是民法典顺应现代科技发展而规定的一种新型遗嘱形式。我国《继承法》第 17 条仅规定了录音遗嘱,该规定也应同样适用于录像遗嘱。本条即对录音、录像遗嘱进行了统一规定,统称为"录音录像遗嘱"。

　　录音录像遗嘱应当符合以下要件:

一、须以录音录像的方式制作遗嘱

　　因为在现今社会随着电脑以及智能化手机的普及,影像技术取得了飞跃式的进步,应当将录音录像遗嘱扩张为视听遗嘱,即遗嘱人通过手机视频或摄像机等录制的音像资料,只要符合录音录像遗嘱的形式要求,即应肯定其效力。与口头遗嘱相比,录音录像遗嘱更有利于通过视听技术固定遗嘱的内容,确保遗嘱的真实性。

二、须有两个以上的见证人在场见证

　　录音录像遗嘱依然存在着被伪造、剪辑的风险,所以为了保证录制的遗嘱确为遗嘱人的真意,须有两个以上见证人在场见证。在录制遗嘱时,见证人应当将各自的姓名、肖像、职业、所在单位等基本情况予以说明。

三、遗嘱人亲自口述遗嘱内容

　　遗嘱人必须亲自口述遗嘱全部内容,而不得由他人代为转述遗嘱内容。遗嘱人口述遗嘱内容时应当清楚、明确、具体。对遗产的处理应说明遗产的名称、存放地点、数量等具体情况以及具体由何人继承或受遗赠。如果遗嘱人对遗产的取得附有义务,也应将所附义务具体说明。

四、遗嘱人、见证人在录音录像中记录其姓名或者肖像以及年、月、日

　　在制作录音录像遗嘱时,遗嘱人、见证人应在录音录像遗嘱中记录其姓名或肖像以及年、月、日。同时,由于录音录像遗嘱易被剪辑、伪造,因此录音录像遗嘱录制完成后,应严格封存,并由遗嘱人、见证人于封缝处签名,并注明年、月、日。由于本条对此并未规定,解释上录音录像遗嘱即使未进行封存,也不影响其效力,但在实践中,应鼓励遗嘱人在采用录音录像形式立遗嘱时,尽

可能予以严格的封存,以最大程度上保证录音录像遗嘱的真实性。音像遗嘱必须在全体见证人、继承人到场的情况下,当众启封。

　　第一千一百三十八条　遗嘱人在危急情况下,可以立口头遗嘱。口头遗嘱应当有两个以上见证人在场见证。危急情况消除后,遗嘱人能够以书面或者录音录像形式立遗嘱的,所立的口头遗嘱无效。

释　义

　　本条是关于口头遗嘱的规定。

　　口头遗嘱,是指遗嘱人因生命垂危或其他紧急情况不能依其他遗嘱方式立遗嘱时,口头表述遗嘱内容而由见证人予以见证的遗嘱形式。遗嘱作为一种要式法律行为,涉及遗嘱人死后财产的处分等重大事宜,遗嘱方式本在于保障遗嘱人终意的真实,故通常情况下不允许遗嘱人以口头形式设立遗嘱。但如果遗嘱人存在因生命危急、自然灾害或意外事件等来不及或难以设立自书遗嘱、代书遗嘱、打印遗嘱等情事时,如因此而致其不能设立遗嘱安排自己身后事宜,自有失公允。故各国立法通常仅在紧急情况下始承认遗嘱人设立的口头遗嘱。口头遗嘱因此也被称为"紧急遗嘱"或"特别方式的遗嘱"。

　　设立口头遗嘱应当具备以下条件:

一、须遗嘱人处于危急情况,不能以其他方式设立遗嘱

　　口头遗嘱较之其他遗嘱形式颇为简便,既不需要经遗嘱人之认可,又无须其亲自签名或捺印,极易伪造,故在六种遗嘱形式中其真实可靠性最低。因此,为避免口头遗嘱轻易作成,应当要求遗嘱人除订立口头遗嘱时必须正处于生命垂危等危急情况,同时要求遗嘱人仅得在不能或难以用其他形式设立遗嘱时,始得设立口头遗嘱;反之,纵有危急情况,但如果依然能够以其他方式设立遗嘱的,仍然不得设立口头遗嘱。

　　所谓"危急情况",是指遗嘱人因急病、重病、受伤等原因而处于生命危险之中或者因意外灾害等随时都有生命危险的客观状况,不能或难以以其他形式设立遗嘱的情况。唯此之所谓生命危急,须遗嘱人客观上处于生命垂危的

相当事实状态之中,主观上也有自觉死期将至;如果遗嘱人仅凭空设想死期将近,而客观上并非处于生命有危险之状态,自不能谓为生命危急。如果遗嘱人并非处于生命垂危等危急情况或者虽处于危急情况但仍可以其他形式设立遗嘱的,则不得订立口头遗嘱。即使遗嘱人订立了口头遗嘱,亦属无效。

二、须有两个以上的见证人在场见证

如前所述,口头遗嘱虽简便易行,但因其内容完全有赖于见证人之表述,极易产生纠纷,因而各国继承立法无不对其适用予以严格的限制,即遗嘱人只有在危急情况下始可以口头形式设立遗嘱。遗嘱人虽处于生命危险等危急情况下,订立口头遗嘱仍须有两个以上的见证人在场见证。若条件允许,见证人最好当场或事后记录遗嘱人口授的遗嘱内容,并由记录人、其他见证人签名,注明年、月、日。这是由于口头遗嘱的订立法律并不要求书面形式,如完全靠见证人记忆,则其准确性必然会大打折扣,且不同见证人见证的内容不一致的情形也时有发生,为增强口头遗嘱的可操作性,尽量减少纠纷,见证人或于当场记录遗嘱内容,或尽快于事后书面追记、补记遗嘱人口授的遗嘱内容,并在记录上共同签名,注明年、月、日,以最大程度保证遗嘱内容的真实性。

三、不存在危急情况消除后遗嘱人能够用其他方式设立遗嘱的情形

根据本条规定,危急情况消除后,遗嘱人能够以书面或者录音录像形式立遗嘱的,所立的口头遗嘱无效。也就是说,口头遗嘱的有效期限于危急情况消除后,遗嘱人能够以书面或录音录像形式设立遗嘱时。危急情况消除后,只要遗嘱人客观上处于能够以书面或录音录像形式设立遗嘱的状态,其所立的口头遗嘱即归于无效,而不论其事实上是否以书面或录音录像形式订立了遗嘱。但根据我国司法实践经验,遗嘱人能否以其他遗嘱形式设立遗嘱,应由人民法院具体认定。如果当事人因口头遗嘱发生纠纷,则应由主张口头遗嘱无效的一方提供证据证明遗嘱人于危急情况消除后能够以其他方式设立遗嘱而未设立。

应予注意的是,我国《民法典》并未明确规定口头遗嘱的有效期间,即危急情况消除后,遗嘱人应于多长时间内以其他方式另行设立遗嘱。这就意味着一旦危急情况消除后,遗嘱人只要能够以其他方式另行设立遗嘱,应立即另立遗嘱。民法典编纂过程中,学界均建议增设口头遗嘱的有效期间,《民法典

草案(二审稿)》也采纳了此种建议,于第 917 条第 2 款规定"口头遗嘱应当有两个以上见证人在场见证。危急情况解除后,遗嘱人能够用书面或者录音录像形式立遗嘱的,所立的口头遗嘱经过三个月无效",但从三审稿开始删除了三个月有效期间的规定。

第一千一百三十九条　公证遗嘱由遗嘱人经公证机构办理。

释　义

本条是关于公证遗嘱的规定。

公证遗嘱是经过公证机关公证的遗嘱。具体而言,公证遗嘱是公证机关根据当事人的申请,在对当事人是否具有遗嘱能力及其所立遗嘱依法进行审查的基础上,确认遗嘱内容为遗嘱人的真实意思表示且不违反法律和社会公共利益,进而由公证机关出具公证书以对遗嘱的真实性、合法性予以证明的一种活动。公证遗嘱是形式上最为严格的遗嘱,故而较之于其他遗嘱形式更能保障遗嘱人意思表示的真实性。正因为公证遗嘱内容明确,其方式的遵守、内容的真实以及证据力之强大,远非其他遗嘱形式所能及,故为各国继承法所规定。

一、公证遗嘱的独立性

所谓"公证遗嘱的独立性",是指公证遗嘱作为遗嘱意愿的书面载体,具有独立的意思表示价值,独立于公证书而存在。基于公证遗嘱的独立性,公证遗嘱仅受继承编的规范,不论公证程序是否合法、具体公证环节是否符合规程,都不能因此而否定遗嘱本身的效力。《中华人民共和国公证法》和司法部颁布的《公证程序规则》旨在规范公证程序事项,而公证遗嘱则受继承法律的规范,不能以公证程序或公证文件形式上的瑕疵否定遗嘱本身的效力。如《公证程序规则》规定,公证证词中注明的文件是公证书的组成部分。公证书不得涂改、挖补,必须修改的应加盖公证处校对章。公证遗嘱中的遗嘱即是公证证词中注明的文件,亦即公证书的组成部分。因此按照《公证程序规则》即可推理公证遗嘱内容的修改必须加盖公证处的校对章方为有效。如此推理即违背了公证遗嘱的独立性,公证遗嘱的效力只受《民法典·继承编》的规范。

二、遗嘱公证的条件及要求

（一）遗嘱人须亲自办理遗嘱公证申请，不得委托他人

遗嘱人申请办理遗嘱公证应当亲自到住所地、经常居住地或遗嘱行为发生地的公证机关提出申请。遗嘱人亲自到公证机关确有困难的，可以书面或者口头形式请求公证机关指派公证人员到其住所或者临时处所办理。公证人员办理遗嘱公证应当遵守回避程序，自不待言。同时，遗嘱人应当提交身份证明、遗嘱所涉及的不动产或者其他有产权凭证的财产的产权证明等材料。

（二）遗嘱人应当在公证人员面前亲自书写遗嘱或口授遗嘱内容

遗嘱公证应当由两名公证人员共同办理，由遗嘱人在公证人员面前亲自书写遗嘱或口授遗嘱内容。遗嘱人亲笔书写遗嘱的，应当在遗嘱上亲笔签名并注明年、月、日；遗嘱人口授遗嘱内容的，由其中一名公证人员记录，然后由公证人员向遗嘱人宣读遗嘱内容，经遗嘱人确认无误后，由公证人员和遗嘱人签名并注明年、月、日。因特殊情况由一名公证员办理时，应当有一名见证人在场，见证人应当在遗嘱和笔录上签名。见证人、遗嘱代书人适用本编第1140条的规定。

（三）公证人员对与遗嘱相关的事项的真实性、合法性进行审查

公证机关应当按照《公证程序规则》第24条①的规定进行审查，并着重审查遗嘱人的身份、遗嘱能力及意思表示是否真实、有无受胁迫或者受欺骗等情况。但需要特别指出的是，公证遗嘱的目的是对遗嘱制作行为的真实性、合法性的确认和证明。因此，公证机关在办理公证遗嘱时只应进行形式审查而不能对遗嘱具体内容进行实质审查。

经审查，遗嘱人身份属实，具有完全民事行为能力，遗嘱人意思表示真实，遗嘱人证明或者保证所处分的财产是其个人财产，遗嘱内容不违反法律规定和社会公共利益，内容完备，文字表述准确，签名、制作日期齐全，办证程序符合规定，公证机关应当出具遗嘱公证书。对于不符合上述条件的遗嘱公证，公

---

① 该条规定："公证机构受理公证申请后，应当根据不同公证事项的办证规则，分别审查下列事项：（一）当事人的人数、身份、申请办理该项公证的资格及相应的权利；（二）当事人的意思表示是否真实；（三）申请公证的文书的内容是否完备，含义是否清晰，签名、印鉴是否齐全；（四）提供的证明材料是否真实、合法、充分；（五）申请公证的事项是否真实、合法。"

证机关有权拒绝公证。

公证遗嘱采用打印形式。遗嘱人应当在打印的公证遗嘱上签名。遗嘱人不会签名或者签名有困难的,可以盖章方式代替在申请表、笔录和遗嘱上签名;遗嘱人既不能签字又无印章的,应当以按手印方式代替签名或者盖章。公证人员应当在笔录中注明。以按手印代替签名或者盖章的,公证人员还应当提取遗嘱人全部的指纹存档。公证遗嘱生效前,遗嘱卷宗不得对外借阅,公证人员也不得对外透露遗嘱内容。

第一千一百四十条　下列人员不能作为遗嘱见证人:

（一）无民事行为能力人、限制民事行为能力人以及其他不具有见证能力的人;

（二）继承人、受遗赠人;

（三）与继承人、受遗赠人有利害关系的人。

释　义

本条是关于遗嘱见证人的规定。

遗嘱除自书遗嘱外,其他各种形式的遗嘱均以见证人的参与见证为必要。见证人系证明遗嘱确为遗嘱人所为并出于遗嘱人的真意。由此可见,见证人之有无及其信用与遗嘱效力关系极为密切。因为遗嘱效力发生时,遗嘱人业已死亡,关于遗嘱的成立及其内容的真意如何,已无法求证于遗嘱人,只能有待于见证人证明。遗嘱见证人证明的真伪直接关系到遗嘱的效力,以及对遗产的处置。遗嘱见证人如此重要,自不能不对见证人的资格加以限制。根据《民法典·继承编》之规定,遗嘱人订立代书遗嘱、录音录像遗嘱、打印遗嘱、口头遗嘱时均须两个以上的见证人在场见证。

一、遗嘱见证人的条件

遗嘱见证人须能够客观公正地证明遗嘱的真实性,其应当满足以下条件:

（一）具有完全民事行为能力

如前所述,遗嘱见证人乃证明遗嘱是否确为遗嘱人所为及是否出于遗嘱人真意之人,其参与见证会影响到遗嘱的效力、遗产的处置以及遗嘱人遗愿的实现。所以,只有完全民事行为能力人始可当之。无民事行为能力人、限制民事行为能力人缺乏对此重要事项的足够的理解和判断能力,自不得充任见证人。

(二) 与继承人、受遗赠人无利害关系

与继承人、受遗赠人有利害关系之人虽与遗嘱内容及遗产继承并无关系,但如果其得作为见证人,不免有知悉遗嘱内容之机会,且易受利益驱使而作不真实的见证,有违见证人应客观公正地证明遗嘱真实性的要求,故不得作为见证人。

(三) 具有见证遗嘱所必要的见证能力

遗嘱见证人必须具有听、读、写的能力,见证人中的代书人还应当具有一定的文化知识水平,否则难以胜任见证遗嘱事宜。

二、遗嘱见证人的缺格

所谓遗嘱见证人的缺格,是指法律明确规定不得作为遗嘱见证人的人。根据本条规定,下列人员不能作为遗嘱见证人:

(一) 无民事行为能力人、限制民事行为能力人以及其他不具有见证能力的人

如前所述,无民事行为能力人、限制民事行为能力人不得作为见证人。基于见证人是证明遗嘱真实性的证人,见证人是否具有完全民事行为能力应以见证遗嘱时为准。见证人见证遗嘱时具有完全行为能力,其后即使丧失民事行为能力,也并不影响遗嘱见证的效力。反之,见证遗嘱之时不具有完全民事行为能力,纵其后具有完全民事行为能力,也并不能发生遗嘱见证的效力。同样,即使见证遗嘱之时具有完全民事行为能力,但不具有见证能力者,如盲人因生理原因不具有见证能力,亦不得作为遗嘱见证人。

(二) 继承人、受遗赠人

继承人与受遗赠人与遗嘱继承本身存在着直接的利害关系,其作为见证人更难以确保遗嘱内容的真实性、公正性,且易生纷争。所以,继承人与受遗赠人不得作为遗嘱见证人。

(三) 与继承人、受遗赠人有利害关系的人

与继承人、受遗赠人有利害关系的人,是指继承人、受遗赠人能否取得遗产以及取得多少遗产能够直接影响其利益的人,包括继承人与受遗赠人的近亲属、债权人、债务人、共同经营的合伙人等。

三、缺格见证人见证遗嘱的效力

如果有缺格的见证人参与见证遗嘱,那么遗嘱的效力是否必为无效? 抑或除缺格者外,其他见证人仍能满足法定的见证人人数要求时,该遗嘱仍为有效? 有观点认为,不具有见证资格的见证人如为代书遗嘱的代书人或口头遗嘱的记录人时,即使其他见证人符合法定见证人人数要求,该遗嘱仍然无效。通说认为,不必做此区分。凡除去缺格见证人外,其他见证人仍能符合法定见证人的人数要求的,遗嘱之要件即已具备,自应认定遗嘱有效;反之,应以遗嘱形式要件的欠缺而无效。也就是说,不具有遗嘱见证人资格的人并非不能参与遗嘱见证。例如,设立代书遗嘱时,有三个见证人在场见证,其中一人为"与继承人有利害关系的人",但仍有两个具有见证资格的见证人在场见证,该代书遗嘱仍然符合法定的形式要件,遗嘱有效。只是该缺格见证人的见证无效而已,其他两个见证人的见证仍为有效。

第一千一百四十一条　遗嘱应当为缺乏劳动能力又没有生活来源的继承人保留必要的遗产份额。

释　义

本条是关于必留份的规定。

遗嘱自由是每个人的权利,任何人都有处分自己财产的自由,这也是世界各国的主流思想。但是任何自由都不是绝对的,毫无限制的,遗嘱自由也不例外。世界各国不论是大陆法系还是英美法系,也不论是资本主义国家还是社会主义国家,均有相应制度对被继承人通过遗嘱处分其个人财产的自由予以必要的限制,如特留份、必继份、保留份等制度。在此种制度下,遗嘱人必须为其血亲继承人以及其他相关继承人保留一定的遗产份额,此种份额不得因遗嘱而剥夺。法律规定必留份的意义在于:一是可以对遗嘱自由予以一定的限制;二是有利于保护那些缺乏劳动能力又无生活来源的继承人的利益;三是可以减轻社会负担,以防遗嘱人将应由家庭承担的义务转移给社会。

　　本条即是对"必留份"制度的规定。所谓"必留份",是指遗嘱应当为缺乏劳动能力又没有生活来源的继承人保留必要的遗产份额。根据《继承法意见》第37条的规定,遗嘱人未保留缺乏劳动能力又没有生活来源的继承人的遗产份额,遗产处理时,应当为该继承人留下必要的遗产,所剩余的部分,才可参照遗嘱确定的分配原则处理。继承人是否缺乏劳动能力又没有生活来源,应按遗嘱生效时该继承人的具体情况确定,即应以继承开始时继承人是否为缺乏劳动能力又无生活来源的人为准,而不能以遗嘱人设立遗嘱时的继承人状况为准。遗嘱人设立遗嘱时继承人虽为缺乏劳动能力又无生活来源的人,但于继承开始时已具有劳动能力或有生活来源,则不应为其保留必要的遗产份额;反之,遗嘱人设立遗嘱时继承人虽有劳动能力或生活来源,但于继承开始时缺乏劳动能力又无生活来源的,仍属于应为其保留必要遗产份额的继承人。

　　在我国民法典编纂过程中,大多数学者均建议民法典应规定特留份制度,但遗憾的是最终民法典并未规定。有人认为,我国《继承法》关于必要的继承份额的规定就是我国继承法中的特留份。实际上,我国《继承法》中的必要遗产份额即"必留份"并非"特留份",其将继承人的劳动能力和经济状况作为确定享有份额的标准,虽在某种程度上限制了遗嘱人的遗嘱自由,但无法防止遗嘱人通过生前赠与的方式达到损害继承人利益情况的发生。此外,从适用范围上看,我国继承法中的必要遗产份额不仅适用于遗嘱继承,而且也适用于法定继承,但特留份制度仅适用于遗嘱继承。我国民法典并未规定特留份制度,本条规定的必留份虽与大陆法国家的特留份制度有某些共同之处,均为保证一定范围内的法定继承人获得一定份额的遗产而设立,都是对遗嘱自由的限制,其所保留的份额也均为遗产的一部分,但其差异也较为明显:首先,虽然特留份权利人和必要遗产份额的享有者都只是遗嘱人的法定继承人的一部分,但特留份权利人的范围较为宽泛,只要是法定继承人,不管其有无劳动能力、有无生活来源,即使继承人是亿万富翁,也都为特留份权利人。而我国的必留份只有继承开始时缺乏劳动能力且无生活来源的继承人方可获得必要的遗产份额,其范围明显小于特留份权利主体的范围。其次,每一个遗嘱继承都会发生特留份问题,而在我国只有在继承开始时存在缺乏劳动能力而又无生活来源的继承人,才会发生保留必要的遗产份额问题。国外立法规定特留份制度是为了限制遗嘱人的遗嘱自由,而我国的必留份制度,其立法初衷并不在于限制遗嘱自由,而是为了减轻社会负担,让家庭承担起养老育幼的职能。再次,各国关于不同继承顺序法定继承人的特留份额是确定的,都是其应继份的一定比例。而我国继承法中的必留份额的标准则是不确定的,它既可以等于法定继承人的平均份额,也可以多于或少于平均份额,至于其具体为多少,则往往由法院根据遗产的总价值和继承人的具体情况来确定,没有一个固定的标准,因而在实务中不易操作。最后,从实务上看,缺乏劳动能力而又没有生活来源的继承人在实践中,往往很少存在。如果继承人中并无缺乏劳动能力又没有生活来源的继承人,也就意味着被继承人可以自由处分其全部遗产给他人,而不必留给继承人任何财产,如此一来,既有违基本伦理,也不利于家庭关系稳定。

实际上,我国继承法中的"必留份"是受苏联等一些社会主义国家继承法中的"必继份"制度的影响。苏联等一些社会主义国家为了保障遗嘱人近亲属的利益,限制遗嘱人自由处分其遗产的权利,设立了必继份制度。如《苏联民法典》第535条规定,"被继承人的未成年子女或无劳动能力的子女,以及无劳动能力的配偶、父母和依靠死者生活的人,不论遗嘱内容如何,都继承不少于依法定继承时他们每人应得份额(必继份额)的2/3"。必继份与我国的必留份基本类似,都是社会主义国家为了充分发挥家庭养老育幼的职责,以减轻社会负担而设立的法律制度。两者均只适用于在劳动能力以及生活能力、经济状况等方面存在欠缺的法定继承人,且于法定继承与遗嘱继承均有其适用。但是,苏联等国家的必继份制度较之我国的必留份有所完善。首先,必继份如同特留份一样,明确规定了具体而确定的份额标准,即应继份的一定比例。其次,必继份适用的主体范围较之必留份更加宽泛,从而更接近于特留份。因此,必继分较之必留份更加接近特留份制度,但与特留份制度仍有一定的距离。对于必留份而言,其仅针对缺乏劳动能力且无生活来源的法定继承人。也就是说,法定继承人要获得必要的遗产份额必须同时满足两个条件:一为缺乏劳动能力;二为缺乏或没有生活来源,即实行"双缺乏"原则。有劳动能力而没有生活来源的或者虽缺乏劳动能力但有生活来源的继承人均不在此列。究其目的在于保障因被继承人的死亡而生活陷入困难的缺乏劳动能力又没有生活来源的继承人的生活。以免让社会承担对他们的扶养责任,造成本来应当由被继承人承担的责任推卸给社会承担,从而增加社会的负担。

第一千一百四十二条 遗嘱人可以撤回、变更自己所立的遗嘱。

立遗嘱后,遗嘱人实施与遗嘱内容相反的民事法律行为的,视为对遗嘱相关内容的撤回。

立有数份遗嘱,内容相抵触的,以最后的遗嘱为准。

释 义

本条是关于遗嘱撤回的规定。

遗嘱之目的即在于尊重与实现遗嘱人的遗愿,故自应以遗嘱人的最后决定为准。因作成遗嘱之时与其效力发生之时,通常有很长的时间间隔,其间诸多情事不免发生变化,此前所为之遗嘱内容也不免因情事之变化而有所变更。如果不允许遗嘱人变更其遗嘱,显然与遗嘱制度之本旨违合。何况于一般法理,在意思表示生效之前,表意人尚可撤回其意思表示,故民法典规定遗嘱人有撤回其所立遗嘱之自由。罗马法上也素有"死者的意思迄于生命最后存在为可动的"原则。所谓遗嘱的撤回,是指遗嘱人于设立遗嘱之后,尚未生效之前,依法律规定使遗嘱归于无效的法律行为。应予说明的是,《继承法》第20条第1款规定,遗嘱人可以撤销、变更自己所立的遗嘱。本条规定将"撤销"改为"撤回"更为科学。因为撤销一般是指对已生效之法律行为予以废除,而对于尚未生效之法律行为则不存在撤销的问题。

近代各国民法更有明确规定遗嘱人不得抛弃其遗嘱撤回权,我国《民法典》虽无规定,但也应当作此解释。因此,遗嘱人即使在遗嘱中表明此后将不再设立新遗嘱或变更该遗嘱等类似表示的,均属无效,对遗嘱人不具有约束力,遗嘱人日后仍可撤回该遗嘱。

一、遗嘱撤回的要件

(一)遗嘱人撤回遗嘱时须具有遗嘱能力

遗嘱人设立遗嘱时须具有遗嘱能力,同样遗嘱人撤回遗嘱时亦须具有遗嘱能力,否则遗嘱的撤回无效。但遗嘱人撤回遗嘱后丧失遗嘱能力的,不影响遗嘱撤回的效力。

（二）遗嘱人撤回遗嘱的意思表示真实

遗嘱人撤回遗嘱须为其真实的意思表示，遗嘱人因欺诈、胁迫等事由为撤回遗嘱意思表示的，不发生遗嘱撤回的法律效力。同时，根据《民法典·继承编》第 1125 条的规定，以欺诈、胁迫手段迫使或者妨碍被继承人设立、变更或者撤回遗嘱，情节严重的，丧失继承权或受遗赠权。

（三）遗嘱人撤回遗嘱须符合法定的遗嘱形式

遗嘱人固然有撤回其所立遗嘱的自由，但遗嘱的订立，既为要式行为，则其撤回自然也须依一定的方式为之，借以确保撤回遗嘱乃出于遗嘱人的真实意思。遗嘱的撤回虽然应以一定的方式为之，但不必以与被撤回的遗嘱同一的方式，只要满足各种遗嘱形式要件，以任何一种遗嘱方式撤回均无不可。例如，前遗嘱为自书遗嘱，遗嘱人其后撤回遗嘱则不妨以代书遗嘱、公证遗嘱、录音录像遗嘱等为之，但必须符合其法定方式，否则不发生撤回的效力。

遗嘱人生前可以明示或默示的形式撤回遗嘱，即遗嘱撤回的形式包括明示形式与推定形式。明示撤回遗嘱包括销毁遗嘱、涂销遗嘱以及后设立遗嘱撤回前设立遗嘱等形式，但必须于撤回遗嘱中明确表示撤回前遗嘱的意思，否则只有在与前遗嘱相抵触的部分发生撤回的效力。默示撤回遗嘱主要由遗嘱人生前对遗嘱标的物进行再处分而实现，这也是遗嘱未生效前遗嘱人并未丧失对自己的财产的处分权的体现。如《继承法意见》第 39 条规定"遗嘱人生前的行为与遗嘱的意思表示相反，而使遗嘱处分的财产在继承开始前灭失、部分灭失或所有权转移、部分转移的，遗嘱视为被撤销或部分撤销"。例如，遗嘱人将某房屋遗赠予法定继承人以外的某甲，嗣后又将该栋房屋赠与某乙，即为遗嘱人的行为与遗嘱相抵触，遗嘱关于该栋房屋的部分视为撤回。又如，遗嘱人将房屋遗赠予某人后，又于该房屋上设定抵押权，此时虽有抵触但对于此附抵押权的房屋遗赠依然有效，唯如果该抵押权于遗嘱人死亡前被实行，因该房屋已归第三人，此时关于该房屋的遗嘱被视为撤回。故本条第 2 款规定，立遗嘱后，遗嘱人实施与遗嘱内容相反的民事法律行为的，视为对遗嘱相关内容的撤回。

二、公证遗嘱优先于其他遗嘱形式的规定被删除

根据《继承法》第 20 条第 3 款、《继承法意见》第 42 条之规定，自书、代

书、录音、口头遗嘱，不得撤销、变更公证遗嘱。遗嘱人以不同形式立有数份内容相抵触的遗嘱，其中有公证遗嘱的，以最后所立公证遗嘱为准；没有公证遗嘱的，以最后所立的遗嘱为准。上述规定承认公证遗嘱的效力优先的原因大概有两个：（1）公证证据的优先效力，根据《民事诉讼法》第 69 条的规定，经过法定程序公证证明的法律事实和文书，人民法院应当作为认定事实的根据，但有相反证据足以推翻公证证明的除外。（2）公证机关的准官方性质。根据修改前的《最高人民法院关于民事诉讼证据的若干规定》（以下简称《民事诉讼证据规定》）原第 77 条的规定，人民法院就数个证据对同一事实的证明力，可以依照"国家机关、社会团体依职权制作的公文书证的证明力一般大于其他书证"的原则认定。

对于公证遗嘱的此种优先效力是否应当延续，民法典编纂过程中绝大多数学者认为公证遗嘱的优先效力不仅给遗嘱人带来诸多不便，也增加了公证遗嘱的变更与撤回的成本。遗嘱人一旦订立了公证遗嘱，非经公证程序对其予以撤回或变更，采取其他任何方式订立的遗嘱都不能被适用。即在继承开始后，即使遗嘱人在临终前已订立其他形式的新遗嘱，但仍然要适用先前订立的公证遗嘱，而不论此公证遗嘱是否仍然体现遗嘱人最终的真实意思。如此一来，公证遗嘱在适用效力位阶上的优先性，有可能使遗嘱人最终的真实意思得不到实现，从而导致遗嘱人以遗嘱自由处分个人财产及其他事务的权利被剥夺。公证遗嘱虽有证明遗嘱真实性、合法性的证明力优势，但如果设立、变更、撤回都需要以公证的方式进行，对遗嘱人真实意思及时做成遗嘱设置了很大障碍。因此，规定公证遗嘱具有对抗一切遗嘱的效力，过于绝对化，特别是在被继承人作出了公证遗嘱之后，没有能力或条件通过公证再立遗嘱撤回、变更公证遗嘱时，等于剥夺了遗嘱自由的权利。

法律赋予公证遗嘱以优先的效力位阶，并不利于保护遗嘱人的遗嘱自由权。究其实质，公证遗嘱与其他形式的遗嘱仅仅是记载方式、表现形式不同而已，应当具有同等效力，并不存在何种形式的遗嘱效力更优先的问题。从本质上而言，遗嘱的效力取决于遗嘱内容本身的真实性，遗嘱的要式性规定也是以此为目的，以在最大程度上保障遗嘱人的终意真实。公证遗嘱与其他遗嘱的差异在于其保障遗嘱内容真实性的审查程序不同，具体而言，当就遗嘱的真实性产生争议时，其他形式遗嘱的真实性需要法院通过相关辅助证据予以确认，而公证遗嘱本身具有推定遗嘱真实性的功能。如根据《民事诉讼证据规定》

第 10 条①规定,对于公证文书规定了高于其他证据的证明力,若无相反证据足以推翻公证文书所证事项,则人民法院应当径行采信公证书所证事实,而不必对公证书做实质审查。所以,在因遗嘱效力产生争议,法院在就遗嘱内容本身是否真实进行认定时,公证遗嘱具有较其他遗嘱形式较强的证明力而已。

即使承认公证遗嘱的优先效力也应该仅限定在证据法上,而不应该在实体法上规定公证遗嘱的绝对优先地位。此外,承认公证遗嘱的绝对优先效力,即排斥了用其他遗嘱形式撤销公证遗嘱的可能,不利于保护遗嘱人的意思自由。因此,不应盲目地强调公证遗嘱的优先效力,当遗嘱人立有数份遗嘱时,应以距离遗嘱人死亡时间最近的遗嘱为准。大陆法系一般只承认不同遗嘱先后的效力,而不承认不同形式的遗嘱之间的效力层次。故本条第 3 款规定,立有数份遗嘱,内容相抵触的,以最后的遗嘱为准。遗嘱撤回的唯一标准乃是设立遗嘱的时间先后,而非设立遗嘱的形式。故应当肯定遗嘱人得以任何一种法定遗嘱形式撤回其先前所立的遗嘱,因而,公证遗嘱效力优先的规定最终被从《民法典》中删除。

第一千一百四十三条　无民事行为能力人或者限制民事行为能力人所立的遗嘱无效。

遗嘱必须表示遗嘱人的真实意思,受欺诈、胁迫所立的遗嘱无效。

伪造的遗嘱无效。

遗嘱被篡改的,篡改的内容无效。

释　义

本条是关于遗嘱无效的规定。

---

① 该条规定:"下列事实,当事人无须举证证明:(一)自然规律以及定理、定律;(二)众所周知的事实;(三)根据法律规定推定的事实;(四)根据已知的事实和日常生活经验法则推定出的另一事实;(五)已为仲裁机构的生效裁决所确认的事实;(六)已为人民法院发生法律效力的裁判所确认的基本事实;(七)已为有效公证文书所证明的事实。前款第二项至第五项事实,当事人有相反证据足以反驳的除外;第六项、第七项事实,当事人有相反证据足以推翻的除外。"

遗嘱无效是指遗嘱因不符合法定有效要件而不能发生遗嘱人所预期的法律效果。遗嘱系一种法律行为,故原则上得适用《民法典·总则编》关于民事法律行为无效之规定,但因遗嘱本质特殊,自然也存在与普通法律行为不同之处。如《民法典·总则编》第146条关于通谋虚假意思表示之规定,因遗嘱乃无相对人的单方法律行为,故无适用余地。又如《民法典·总则编》第148条、第150条关于欺诈、胁迫所为民事法律行为得撤销之规定,于遗嘱亦无适用余地,遗嘱人因受欺诈、胁迫而立遗嘱的,遗嘱无效而非可撤销,以维护遗嘱的真实性。

一、遗嘱无效的具体情形

根据本条规定,遗嘱无效主要包括以下几种情况:

(一) 无民事行为能力人或者限制民事行为能力人所立的遗嘱无效

设立遗嘱须具有遗嘱能力,我国《民法典》采取遗嘱能力与民事行为能力相一致的立法模式,将遗嘱能力与民事行为能力统一起来,并未对遗嘱能力作出不同于民事行为能力的规定。只有完全民事行为能力人才具有遗嘱能力,而无民事行为能力人、限制民事行为能力人均不具有遗嘱能力,故其所立遗嘱无效。完全民事行为能力人纵然于设立遗嘱后被宣告为无民事行为能力人或限制民事行为能力人,不影响其设立的遗嘱效力。

(二) 受欺诈、胁迫所立的遗嘱无效

意思表示真实乃民事法律行为有效要件之一,遗嘱更以维护和确保遗嘱人的真实意思为根本宗旨。因此,遗嘱人因受欺诈、胁迫所订立的遗嘱无效。受欺诈所订立的遗嘱,是指遗嘱人因受他人故意歪曲事实或提供虚假情况以及言辞等诱使遗嘱人陷入错误的认识,并基于此种错误认识作出了与其真实意愿相违背的遗嘱。受胁迫所订立的遗嘱,是指遗嘱人因受他人不法威胁或要挟,为避免自己或亲人的人身或财产受到损害,而作出了与其真实意思相悖的遗嘱。这里所谓的他人,既可以是继承人或受遗赠人,也可以是继承人或受遗赠人以外的人。欺诈、胁迫行为必须出于行为人的故意。如果行为人非故意而向遗嘱人提供了虚假情况导致遗嘱人作出有违真意的遗嘱的,不构成欺诈,更不存在过失的胁迫。

(三) 伪造的遗嘱无效

伪造的遗嘱就是假遗嘱,不论行为人伪造遗嘱出于何种动机与目的,不论

内容如何,也不论伪造的遗嘱是否客观上损害了继承人的利益,当然无效。只要不是遗嘱人的真实意思,而以遗嘱人的名义所订立的遗嘱,均属于伪造遗嘱。

(四) 遗嘱被篡改的内容无效

被篡改的遗嘱,是指遗嘱的内容被遗嘱人以外的人作了更改的遗嘱。篡改遗嘱只能是遗嘱人以外的人对遗嘱内容的更改,如果是遗嘱人自己对遗嘱内容进行修改、删减、补充,则属于遗嘱人对遗嘱的变更。被篡改的遗嘱内容,已非遗嘱人的真实意思表示,而是篡改人的意思,所以被篡改的内容无效。遗嘱被篡改的,仅被篡改的部分无效,遗嘱中未被篡改的部分仍然是遗嘱人的真实意思表示,故仍然有效。被篡改的遗嘱与伪造的遗嘱虽然二者在法律效果上均为无效,但表现不同。伪造的遗嘱是以遗嘱人的名义制作的假遗嘱,针对的是一个本不存在的遗嘱,故遗嘱的全部内容均非遗嘱人的真实意思;篡改的遗嘱是对遗嘱人已订立之遗嘱进行修改、删减、补充,针对的是一个已存在的遗嘱,只是对其中的部分内容进行篡改。如果是对全部遗嘱内容进行篡改,即为伪造的遗嘱。

除上述四种情形外,由于遗嘱系一种法律行为,故原则上得适用《民法典·总则编》关于民事法律行为无效之规定。因此,遗嘱之内容违反法律、行政法规强制性规定的无效,遗嘱内容违反公序良俗的无效。遗嘱人通过遗嘱处分了不属于自己的财产,遗嘱中关于该财产的处分内容无效。但遗嘱人通过遗嘱处分的他人财产在其死亡时已归遗嘱人所有的或有权处分的,则遗嘱中的该部分内容有效。同时,根据本编第 1141 条的规定"遗嘱应当为缺乏劳动能力又没有生活来源的继承人保留必要的遗产份额"。遗嘱非法处分必留份的,或言之,并未为缺乏劳动能力又无生活来源的继承人保留必要的遗产份额,该部分遗嘱无效。

二、遗嘱形式瑕疵对遗嘱效力的影响

此外,对遗嘱效力的判断,不仅应当从遗嘱的内容进行判断,还应当从遗嘱形式方面进行判断。在内容方面,应当从遗嘱人是否具有遗嘱能力、遗嘱是否确为遗嘱人的真实意思、遗嘱中指定继承的遗产是否为遗嘱人有权处分、遗嘱中指定的继承人或受遗赠人是否于继承开始时存在等方面进行综合判断。至于遗嘱形式上瑕疵是否影响遗嘱效力的问题,理论上存有争议,司法裁判的

结果也大相径庭,《民法典·继承编》对此则付之阙如。

（一）理论上的争议

1. 无效说。

该说认为,遗嘱应依法定方式为之,欠缺法定方式的遗嘱无效。遗嘱是要式法律行为,法律对遗嘱的形式有明确规定,遗嘱人只能按照法律规定的形式制作遗嘱,不按照法律规定的形式设立的遗嘱,不能发生效力。

2. 可撤销说。

该说认为,法律之所以对遗嘱的形式进行明确规定,根本目的在于确保遗嘱内容的真实性和可靠性,使得遗嘱的执行能够真正体现遗嘱人的意愿,因此,如果法律对遗嘱形式的要求过分严格,凡不符合法律规定的形式要件的遗嘱均为无效的话,那么遗嘱人的真实意思自由反而无法得到较好的保障。此外,遗嘱毕竟一般仅对继承人和受遗赠人以及其利害关系人有利害关系,而不涉及社会公共利益。所以对于欠缺形式要件的遗嘱以规定为可撤销的遗嘱为宜。

3. 有效说——遗嘱形式强制的缓和。

所谓"遗嘱形式强制的缓和",是指为了最大程度地确保遗嘱人的终意表示得以实现,对于形式上稍有瑕疵的遗嘱,如有证据充分证明遗嘱确为遗嘱人的真实意思表示,则应当淡化遗嘱的严格形式要求,从而认定遗嘱有效。我国越来越多的学者也意识到遗嘱形式强制固然有利于在最大程度上确保遗嘱内容的真实,但是在现实社会生活中形式瑕疵的遗嘱大量存在,但其确为遗嘱人的真实意思表示,如果在此情形下仍然固守遗嘱形式强制则难免违背遗嘱形式强制的初衷及遗嘱人的真意。因此,应尽量缓和遗嘱形式瑕疵对遗嘱效力产生的影响。

（二）司法裁判莫衷一是

我国民事立法并未明确规定形式上存在瑕疵的遗嘱无效,因而关于形式瑕疵遗嘱的效力,在我国司法实务中认定不一。

1. 形式瑕疵遗嘱无效。

2011 年 12 月 6 日,最高人民法院研究室对北京高院《关于代书遗嘱虽不符合法定形式要件但确系遗嘱人真实意思表示能否认定有效问题的答复》中明确指出:"不符合法定形式要件的代书遗嘱不宜认定为有效。"2018 年 6 月 11 日北京高院通过的《关于审理继承纠纷案件若干疑难问题的解答》第 17 项也规定:"未严格按照法律规定的形式要件作出的遗嘱,人民法院应认定无效。"

2. 形式瑕疵遗嘱不必然无效。

此类裁判立场通常认为,认定遗嘱有效与否的最为核心的要件是遗嘱须是遗嘱人的真实意思表示,其主要考察的是遗嘱人在设立遗嘱时是否受到胁迫、欺诈、遗嘱内容是否被篡改、遗嘱是否系伪造。[1] 遗嘱虽然在形式上稍有欠缺,但内容合法,又有充分证据证明为遗嘱人的真实意思表示,为有效遗嘱。[2] 如有判决认为,"对于代书遗嘱,《继承法》没有规定不符合该形式所立的遗嘱为无效;从最高人民法院《继承法意见》第 35 条规定来看,不能得出形式上有欠缺的遗嘱即为无效的结论。从而认定没有证据证明涉案遗嘱存在《继承法》第 22 条所规定的无效情形的情况下,仅以代书遗嘱形式上不符合《继承法》规定为由主张涉案遗嘱无效,缺乏法律依据,不予采信。"[3]

遗嘱继承是为了满足被继承人自由处分财产的意愿。其中遗嘱形式强制的功能和目的无非是保证遗嘱内容的真实性,以保证其确为遗嘱人的真意表达,提醒遗嘱人谨慎行事。严格的遗嘱形式要件作用在于继承开始后无法通过与遗嘱人对质的方式查明其内心真意,法律通过形式强制引导广大民众订立符合法律规定的遗嘱,以便日后有利于查明其真实意愿;同时,在具体案件中,法官可以依据法律对遗嘱形式的要求,而直接裁决遗嘱的效力,无须为举证问题而迟疑不决。但是遗嘱形式强制也容易产生另外的不公平,当遗嘱人的真意即使能够通过其他证据得以确证,也将因未完全符合遗嘱的法定形式要件导致遗嘱无效。显然,遗嘱形式强制体现的是一般正义,其代价可能是个案的非正义。虽然不能完全取消遗嘱的形式强制,但这种一刀切的做法在当今社会已经不能发挥以往那么大的作用了。我们有必要对遗嘱形式强制作适度的缓和,即"形式瑕疵的遗嘱,如有其他证据可证明其确为遗嘱人真实意思表示的,不因其法定形式要件之欠缺而影响其效力"。遗嘱是否有效的主要

---

[1] 参见上海市第一中级人民法院作出〔2012〕沪一中民一(民)终字第 1333 号民事判决。

[2] 参见广东省佛山市中级人民法院〔2004〕佛中法民一终字第 352 号民事判决。

[3] 浙江省高级人民法院〔2011〕浙民提字第 85 号民事判决。其他相同裁判立场的判决还有上海市第二中级人民法院经审理作出〔2012〕沪二中民一(民)再终字第 14 号民事判决、上海市闸北区人民法院〔2010〕闸民一(民)初字第 3726 号民事判决、浙江省高级人民法院〔2017〕浙民申第 2617 号民事裁定、上海市第二中级人民法院〔2012〕沪二中民一(民)再终字第 14 号民事判决等。

标准在于其本体要件即终意表示的真实性,而非其证明责任要件即遗嘱形式的完备性。因为"即便符合法定方式的遗嘱,未必就是遗嘱人真实的意思表示;而形式欠缺的遗嘱,也未必就不是遗嘱人真实的意思表示"。换言之,遗嘱形式要件规范乃实体法上分配证明责任之规范——遗嘱形式符合法定形式要件时则主张遗嘱无效之人应负证明之责任,举证不能即应承担败诉之风险;反之,遗嘱形式欠缺法定形式要件时则主张遗嘱有效之人应负担证明责任,举证不能即应承担败诉之风险。

第一千一百四十四条 遗嘱继承或者遗赠附有义务的,继承人或者受遗赠人应当履行义务。没有正当理由不履行义务的,经利害关系人或者有关组织请求,人民法院可以取消其接受附义务部分遗产的权利。

释 义

本条是关于附负担遗嘱的规定。

附负担遗嘱,也称为附义务的遗嘱或遗托,是指遗嘱人为自己、继承人或第三人之利益在遗嘱中要求遗嘱继承人或受遗赠人承担一定的义务或负担的遗嘱。如遗赠房屋但同时使受遗赠人负责看护及扶养自己的祖母。在附负担遗嘱中,遗嘱继承人或受遗赠人虽取得一定的利益,但同时须负担一定的义务。所谓附负担,即通过遗嘱形式,向遗嘱继承人和受遗赠人委托一定的事项。此负担附从于继承遗产或接受遗赠的权利。附负担遗嘱依其性质可分为附负担的遗嘱继承和附负担的遗赠两类。

一、附负担遗嘱的特征

(一) 附负担遗嘱是遗嘱继承和遗赠的附义务

附负担遗嘱中的负担并非一项独立的义务,而是依附于遗嘱继承或遗赠。遗嘱人只有授予继承人以遗产继承权或受遗赠人以受遗赠权,始得要求遗嘱继承人或受遗赠人履行遗嘱中所附的负担。

(二) 履行负担以接受继承或遗赠为前提

遗嘱指定的继承人或受遗赠人履行负担是以继承人接受继承、受遗赠人接受遗赠为前提。如果继承人或受遗赠人拒绝接受继承或遗赠,则无履行负担的义务。

(三) 负担不应超过受遗赠人所受之利益

遗赠本属遗赠人对受遗赠人的恩惠行为,因此,遗赠不得课予受遗赠人超出其所受利益的负担,故受遗赠人履行负担以其所受之利益为限。附负担的遗赠,虽附有负担,但其仍为单独行为、无偿行为,负担与遗赠并不构成对价关系,遗赠义务人应先履行遗赠,始得请求负担的履行。

二、附负担的遗赠与附条件的遗赠的区别

遗赠可以附条件,停止条件使法律行为的效力向后推迟至条件成就时发生,如果遗赠附停止条件,则被继承人死亡后,遗赠并不立即生效,而是在条件成就时才生效。但遗嘱继承不得附条件,附停止条件的,所附条件无效。附负担的遗赠与附条件的遗赠虽然雷同,但仍然存在以下区别:

(一) 性质不同

负担为法律行为的附款,而非条件,并非以负担的履行为停止条件,亦非以负担的不履行为解除条件。附条件的遗赠所附的条件是指遗赠的生效条件,条件的成就与否决定着遗赠是否生效。

(二) 生效时间不同

附负担的遗赠于遗嘱人死亡时生效,负担并不影响遗赠的生效,受遗赠人纵不履行负担,也无法阻止遗赠的生效,或使已生效的遗赠当然失其效力。而附停止条件的遗赠,遗赠并非于遗嘱人死亡时生效,而是于所附条件成就时始生效力。

(三) 效力不同

于附负担的遗赠,遗赠生效后遗赠义务人应先履行遗赠,始得请求受遗赠人履行负担。但受遗赠人即便不履行负担,遗赠也并不必然失其效力,而是仅在受遗赠人不履行负担时,继承人或负担受益人得请求受遗赠人履行或撤销遗赠。而附停止条件的遗赠,所附条件不成就遗嘱不生效。

三、附负担遗嘱的效力

继承人或受遗赠人履行负担是以继承人接受继承、受遗赠人接受遗赠为前提。如果继承人或受遗赠人拒绝接受继承或遗赠,则无履行负担的义务。

根据本条规定,继承人或者受遗赠人没有正当理由不履行义务的,经利害关系人或者有关组织请求,人民法院可以取消其接受附义务部分遗产的权利。此之所谓"取消"实为撤销。《继承法意见》第 43 条规定"附义务的遗嘱继承或遗赠,如义务能够履行,而继承人、受遗赠人无正当理由不履行,经受益人或其他继承人请求,人民法院可以取消他接受附义务那部分遗产的权利,由提出请求的继承人或受益人按遗嘱人的意愿履行义务,接受遗产"。也就是说,附负担的遗嘱继承或遗赠因继承人或受遗赠人无正当理由不履行所附义务而被取消权利后,该部分遗产虽可归属于继承人,但因对于受益人负有负担,故继承人应对受益人负履行负担之义务。如果因不可归责于负担义务人的事由而导致负担履行不能,则继承人或受遗赠人免除负担履行之义务,仍可保有该遗产。如果因可归责于继承人或受遗赠人的事由而导致负担不能履行的,则受益人或其他继承人可以请求人民法院取消附负担的遗嘱继承人或受遗赠人取得遗产的权利。

《民法典·继承编》于本条在其他继承人和受益人等利害关系人之外,新增加了有关组织可以作为取消请求权的主体,有利于更好地保障附负担遗嘱的执行。有关组织通常为承担保护利害关系人利益职能的组织,如未成年人保护组织、消费者保护组织等。

如前所述,遗赠系遗赠人以给予受遗赠人恩惠为目的,遗嘱继承亦受限定继承规则之调整,故遗嘱所附负担不应超过遗嘱继承人或受遗赠人所受之利益。遗嘱继承人或受遗赠人以其所受利益为限负履行负担之义务。负担超过所受利益的,超过的部分无效。负担受益人无权请求遗嘱继承人或受遗赠人履行超过其所受利益的负担,为此请求者,受遗赠人有权拒绝。

至于遗赠所附之负担是否超过受遗赠人所受之利益应以何时作为判断标准,通说认为,应以履行负担之时为准,即应于继承人或受遗赠人履行负担时,判断其所履行的负担是否超过其所受之利益。如果负担超出其所受之利益,并非遗赠全部归于无效,仅超出遗赠利益的部分无效。至于当事人对于负担是否超过所受利益有争议的,则可诉请人民法院裁判。

第四章　遗产的处理

　　《民法典·继承编》的第四章是"遗产的处理"。遗产的处理是对继承开始后的遗产管理、遗产清算、遗产分割等事务的概括。本章共有19个条文,规定了遗产管理人、继承开始的通知、遗产的保存、转继承、共有财产的分割、适用法定继承的情形、胎儿的保留份、遗产的分割、遗赠扶养协议、双缺乏继承人、无人继承又无人受遗赠遗产的归属、限定继承、遗产债务的清偿顺序等。本章的新规定包括:(1)增加了遗产管理人制度,对遗产管理人的选任、指定、职责、民事责任和报酬作出了规定。(2)将原本规定于司法解释中的转继承制度吸收进《民法典》。(3)将"受遗赠人丧失受遗赠权"加入法定继承的适用范围条文中。(4)将遗赠扶养协议的扶养人明确规定为"继承人以外的组织或者个人",不限于集体所有制组织,扩大了可能成为扶养人的主体范围。(5)明确规定遗产分割时,双缺乏继承人的必留份优先于被继承人所欠的税款和债务。(6)增加了无人继承遗产归国家所有后的用途为公益事业。(7)从司法解释中吸收了关于法定继承、遗嘱继承和遗赠对遗产债务清偿责任承担顺序的规定。

　　第一千一百四十五条　继承开始后,遗嘱执行人为遗产管理人;没有遗嘱执行人的,继承人应当及时推选遗产管理人;继承人未推选的,由继承人共同担任遗产管理人;没有继承人或者继承人均放弃继承的,由被继承人生前住所地的民政部门或者村民委员会担任遗产管理人。

释　义

本条是关于遗产管理人选任的规定。

一、遗产管理人的法律意义

遗产管理人是指继承开始后对于遗产承担管理职责的自然人或组织。遗产管理人制度是《民法典·继承编》新增加的制度,对于继承制度的完善具有重要意义。

首先,遗产管理人制度可以避免因无人管理遗产造成的遗产减少,避免遗产毁损灭失。尤其在有无继承人不明或者继承人均放弃继承的情况下,遗产管理人制度为遗产的管理安排了负责人,能有效避免损失的发生。对于具有经营性、投资性的遗产,如股权、交通运输工具等的管理,有使遗产保值增值的效果。

其次,遗产管理人的存在便于遗产债务的清偿,便于遗产债权的主张,便于对遗赠或遗嘱的执行。《民法典·总则编》第 194 条第 3 项规定,继承开始后未确定继承人或者遗产管理人的,构成法律所规定的不能行使请求权的障碍,可引起诉讼时效中止。

再次,遗产管理人有利于遗产管理的专业化。继承人可以指定具有专业知识的人或机构对遗产进行管理,完成法律对遗产继承所要求的各种行为,确保继承人的合法权益,提高遗产处理各环节的效率。

最后,遗产管理人以自己的知识和经验,在遗产管理上尽到相应的注意义务。若因过错导致损害,须承担相应的赔偿责任,有效保障继承人或受遗赠人等权利人的利益。

二、我国遗产管理人的产生方式

于国外立法例,遗产管理人的产生方式主要有四种:第一种是遗嘱指定遗产管理人;第二种是继承人推选遗产管理人;第三种是法院指定遗产管理人;第四种是依据法律规定由继承人担任遗产管理人。《民法典·继承编》结合我国的实际情况,对遗产管理人的产生做了如下规定:

首先,遗嘱指定遗产管理人。立遗嘱人在遗嘱中指定遗产管理人通常都是立遗嘱人信任的人,体现了立遗嘱人的意思,因此,此类遗产管理人具有优先地位。除非其不愿意担任或辞去遗产管理人的职位,否则不可以直接采用其他产生方式。遗嘱指定的遗产管理人和遗嘱指定的遗嘱执行人是比较接近但并不相同的两个概念。由于功能有可能重合,因此有些场合遗嘱执行人可以同时是遗产管理人。例如,立遗嘱人通过遗嘱处分全部遗产,同时指定了遗嘱执行人。此时,依据本条第一句"继承开始后,遗嘱执行人为遗产管理人"。如果遗嘱中只处分了被继承人的部分遗产,遗嘱执行人是该部分遗产的遗产管理人。问题是对于遗嘱没有作出处分的遗产,遗嘱执行人是否当然就是遗产管理人。举个例子,甲临终前立遗嘱欲将藏书遗赠给校图书馆,指定在该图书馆工作的朋友乙为遗嘱执行人。乙在继承开始后,仅负责将甲的藏书运交图书馆,但若按照本条第一句的规定,乙无条件地成为遗产管理人,还得负责管理甲的房屋、存款、汽车、各种动产,制作清单、清偿债务、分割遗产等,实践中无法操作。为避免将遗嘱执行人与遗嘱指定的遗产管理人混淆,在解释论上,当遗嘱为部分遗产的处分指定了遗嘱执行人的,只有在该遗嘱执行人表示愿意担任遗产管理人时,才能成为遗产管理人,而不是当然成为遗产管理人。

其次,继承人推选遗产管理人。如果没有遗嘱指定的遗产管理人,则由继承人推选遗产管理人。被推选的遗产管理人可以是继承人,也可以是继承人之外的人;可以是一人,也可以是数人;可以是自然人,也可以是组织机构。有权利推选遗产管理人的主体是继承人,受遗赠人、酌分权人等没有参与推选的资格。继承人的推选方式,是一致同意还是多数决,法律没有做更细的规定。主旨在于继承人自治,协商确定。在法国法上,继承人经一致协商可以指定他们中的一人或者第三人管理被继承人的遗产。由于遗产管理人管理全部遗产涉及全体继承人的利益,需要以全体继承人的信任为基础,因此,通常应以全体继承人一致同意推举为必要。本条中"继承人应当及时推选遗产管理人",包含有时间要求。若遗产管理人的选出过迟会影响继承的进程,必须尽快确定。但法律上没有对"及时"作出具体时间的规定,通常应以一个月为宜。

再次,继承人共同担任遗产管理人。如果继承人没有推选出遗产管理人,则由继承人共同担任遗产管理人。对于担任遗产管理人的继承人,本条未作资格要求,但以下两类继承人不能作为遗产管理人:一类是无民事行为能力或限制民事行为能力人。遗产管理涉及大量民事法律行为,不具备相应民事行为能力,无法承担遗产管理人的职责。另一类是放弃继承的继承人。放弃继承的继承人不承担遗产管理人的职责,不是共同的遗产管理人,经推举作为遗产管理人的属于前一种情形。由于放弃继承意思表示的效力溯及至继承开始之时,放弃继承前所进行的遗产管理行为,自始便是非遗产管理人的管理,构成无因管理。基于该管理行为对外产生的民事法律关系,对其他继承人仍有效力。共同遗产管理人进行遗产管理负有相互协力的义务。对于遗产的保存行为,可以单独进行,如任意继承人作为管理人都可以主张被继承人的债权而使诉讼时效中断。对于遗产的处分行为,因系共同继承形成的共同共有,需要全体继承人共同作出,个别继承人不能单独为之。

最后,民政部门或者村民委员会担任遗产管理人。如果没有继承人或者继承人均放弃继承的,由被继承人生前住所地的民政部门或者村民委员会担任遗产管理人。此种情况之遗产虽可能无人继承,但不排除被继承人对他人负担债务需要清偿。此时的遗产管理人非常重要,却又不能期待由继承人担任或推举,需要有明确的产生规则。由民政部门或村民委员会担任遗产管理人,符合其职能,具有可操作性。

关于法院指定遗产管理人,没有在本条中规定,而是另设条文规定。

三、遗产管理人的法律地位

遗产管理人的法律地位如何,因立法采取间接继承还是概括继承而有不同。英美法系国家的间接继承制度,以信托为基础,继承开始后,遗产财团的权利以清算的目的由遗产管理人享有,遗产管理人是被继承人死后的代表,清算后的剩余遗产交付继承人。基于双重所有权理论,遗产管理人享有普通法所有权,继承人享有衡平法所有权,即信托受益权。

大陆法系国家多采概括继承立法例。共同继承人概括继承后遗产处于暂时的共有状态。继承人全体对遗产享有权利,其中自然包含对遗产共同管理的权能。继承人全体作为遗产管理人就是权利主体行使自己权利的过程。继承人共同推举的人作为遗产管理人的,其法律地位是受继承人委托的受托人,其民事法律行为适用委托代理关系。

遗嘱指定的遗产管理人通常也是遗嘱执行人,其性质到底是被继承人的代理人抑或继承人的代理人,存在理论分歧。从其产生和目的分析,遗嘱指定的遗产管理人是接受被继承人委托的受托人。由于被继承人死亡后主体地位消灭,依据遗嘱而管理遗产和执行遗嘱的利益也概括地归于继承人,因此,遗嘱指定的遗产管理人或遗嘱执行人于继承开始后,转承为继承人的代理人。由于此种转承是基于法律技术的设计,而非基于继承人对遗产管理人的委托,因此,属于法定代理而非委托代理。继承人一方不能行使委托合同的任意撤销权。

在没有继承人时,有的国家如德国、法国,立法上将国家或团体作为最后顺序的继承人,遗产管理人是国家或团体的法定代理人。有的国家如日本,将无人继承的财产视为财团法人,遗产管理人就是该财团法人的法定代表人。我国法律对于无人继承的遗产,不承认存在财团法人,也不认为国家或组织是继承人。无人继承的财产不发生概括继承,在法律地位上形成了暂时没有归属但具有特定目的的财团,遗产管理人是该财团的法定管理人。若有继承人出现且未放弃继承,遗产管理人视为该继承人的法定代理人。继承人出现前遗产管理人所为的职务行为效果由继承人承受。

综上,遗产管理人的法律地位因遗产管理人产生的原因而有不同。遗产管理人对于遗产有统一管理的权限,可以自己的名义为与职务相关的法律行为或参与诉讼成为诉讼当事人。

第一千一百四十六条　对遗产管理人的确定有争议的,利害关系人可以向人民法院申请指定遗产管理人。

释　义

本条是关于人民法院指定遗产管理人的规定。

本条的适用应注意以下几点:

一、对遗产管理人的确定有争议

因各国继承程序的结构安排存在差异,须由法院指定遗产管理人的情形并不完全相同。德国在遗产支付不能程序中设置遗产管理人,同时法院根据需要选任遗产保佐人。《德国民法典》第 1960 条规定,遗产法院在需要的限度内或者继承人不明或不能肯定其是否已经接受继承的,可以命令存放印章、提存金钱、有价证券和贵重物品以及编制遗产目录的人选任遗产保佐人。第 1981 条规定,法院在开始遗产支付不能程序后或有理由认为继承人的行为或财产状况将危及债权人就遗产受清偿的,必须根据遗产债权人的申请,发布指定遗产管理人对遗产进行管理的命令。可见,德国法是将继承人对遗产的管理与保佐人、遗产支付不能程序的遗产管理人加以区分,并分别规定的。《日本民法典》对于家庭法院指定遗产管理人的情形,分别作出规定。在数位继承人共同继承的情况下,家庭法院应该在其中选任适合担任遗产管理的人。利害关系人或检察官在无法确定继承人有无的情况下可以请求家庭法院选任遗产管理人。利害关系人或者检察官认为有必要指定遗产管理人的,家庭法院在同意其申请后应予以指定。

《民法典·继承编》对人民法院指定遗产管理人的情形只进行了概括性的规定,即"对遗产管理人的确定有争议",并未对具体情况作更详细的列举。一方面相对增强了条文的适用性;另一方面也突出遗产管理人选定的私法自治,法院不过多介入其中。所谓对遗产管理人的确定有争议,主要是指继承人无法一致推举出遗产管理人、继承人能否及时推举出遗产管理人不确定、继承人无行为能力或限制行为能力而无法产生遗产管理人、对已经推举的继承人的资格或产生程序存在质疑、对指定遗产管理人的遗嘱效力有争议、对无人继承遗产的管理人有异议等。如果继承人没有推举遗产管理人,全体继承人依法是共同遗产管理人。但有证据证明继承人的行为已经或将要损害利害关系人的利益,经利害关系人申请,人民法院可以在继承人之外指定遗产管理人。《民法典·继承编》虽没有对遗产管理人的解任作出规定,但如果遗产管理人违反职责损害利害关系人利益的,也可以类推适用本条的规定,由人民法院指定新的遗产管理人。

二、须经利害关系人申请

有权申请指定遗产管理人的民事主体必须是与继承遗产具有利害关系之人。可以是自然人、法人、非法人组织。主要包括法定继承人、遗嘱继承人、受遗赠人、遗产酌分请求权人、被继承人的债权人或债务人等。

三、由人民法院指定遗产管理人

遗产管理人的指定机关为人民法院。人民法院指定遗产管理人须以利害关系人申请为前提,并依民事程序审理。利害关系人申请指定遗产管理人无其他民事权益争议的,可以比照《民事诉讼法》中为失踪人指定财产管理人特别程序的有关规定进行审理。人民法院在依照特别程序审理案件的过程中，发现案件有民事权益争议的，应当裁定终结特别程序，并告知利害关系人可以另行起诉，并按普通程序进行审理。有些国家如德国、意大利等允许法院在某些情形下依据职权指定遗产管理人，但我国《民法典》中的法院指定遗产管理人，必须以利害关系人申请为前提。由于无人继承遗产的管理人在我国《民法典》中已经明确规定为民政部门或村委会，因此，人民法院不能指定其他遗产管理人。法院指定遗产管理人，应以对全体利害关系人负责为原则，不以片面维护继承人或遗产债权人利益为目的。

第一千一百四十七条　遗产管理人应当履行下列职责：

（一）清理遗产并制作遗产清单；

（二）向继承人报告遗产情况；

（三）采取必要措施防止遗产毁损、灭失；

（四）处理被继承人的债权债务；

（五）按照遗嘱或者依照法律规定分割遗产；

（六）实施与管理遗产有关的其他必要行为。

释　义

本条是关于遗产管理人的职责的规定。

遗产管理人所负的职责不是单纯的民事权利或义务，而是权利、义务、责任的统一。遗产管理人职责的内容多为积极的作为义务，与遗产占有人、保佐人对遗产的单纯保管义务不同。我国的遗产管理人并非专为遗产公平清偿程序而设，与破产管理人的职能目标也有差异。另外，本条从第1项到第5项的排列顺序，与遗产处理程序基本相同，在继承程序具体规定缺位的情况下，可供参照。

一、清理遗产并制作遗产清单

遗产管理人应当对遗产的构成、数量进行清点，对遗产的所处位置、占有情况进行了解，掌握被继承人所欠的税款和债务情况，掌握被继承人所享有的债权情况，在此基础上制作遗产清单。遗产清单记录遗产的构成、数量、位置、占有人、遗产中的债权、遗产债务、税收等信息。关于遗产清单的制作期限我国法律没有具体规定,应根据遗产的复杂程度,在不影响继承程序的合理期限内完成。

制作遗产清单有利于明确遗产数量,方便完成清算和遗产的分割与移交,更重要的是,遗产清单记载的内容是继承人以继承的遗产为限承担有限清偿责任的依据。很多国家或地区的继承法将依法制作并提交遗产清单作为主张限定继承的必要条件。我国《民法典》虽没有将制作提交遗产清单作为继承人有限清偿责任的前提,但仍然要求遗产管理人负有制作遗产清单的职责,以利于明确遗产情况,有效保留证据。继承人没有推选遗产管理人的,继承人自己便是遗产管理人,负有制作遗产清单的责任。

二、向继承人报告遗产情况

遗产管理人清理遗产后,应及时向继承人报告遗产情况,必要时也有说明的义务。由继承人推选的遗产管理人当然负有向推选者报告的义务;遗嘱指定的遗产管理人视为继承人的代理人,负有同样的报告义务。继承人共同担任遗产管理人的,就自己承担的管理情况有向其他继承人报告的义务。民政部门或村委会于继承人出现时有向其报告遗产情况的义务。除向继承人报告遗产情况外,有立法例还规定遗产管理人因遗产债权人或受遗赠人的请求,也有报告与说明义务。我国《民法典》虽未明文规定,但基于遗产管理人并非仅为继承人利益而服务,须为各方利害关系人的利益而进行遗产事务管理的制度目的,遗产管理人也有义务向提出要求的遗产债权人、受遗赠人报告遗产情况。

三、采取必要措施防止遗产毁损、灭失

遗产管理人负有防止遗产损毁、灭失的职责,可以采取必要措施防止遗产毁损、灭失。"必要措施"包括保存、改良、利用的措施,除为遗产分割外通常不包括处分行为。但对于鲜活易腐或即将贬值之物,若不及时处置将有发生损失之危险,遗产管理人可以采取必要的处分措施。本项规定对遗产管理人无须经他人授权而采取必要措施提供了行为依据。

四、处理被继承人的债权债务

对于被继承人生前享有的债权,遗产管理人可以自己的名义向债务人主

张权利,也有权受领债务人的清偿。遗产管理人所受领的债务清偿归入遗产中。

被继承人生前所负财产性债务和应缴纳的税款,在继承开始后继承人以遗产价值为限负有清偿义务。遗产管理人负有清偿遗产债务和税款的职责,为清偿债务的需要有处分遗产的职权。

《民法典·继承编》没有规定清偿被继承人债务的具体程序,遗产管理人是否需要公示催告未知的遗产债权人、是否有义务主动通知已知的遗产债权人、可否要求遗产债权人限期申报、是否可以在申报期满前对遗产债务进行个别清偿等问题,遗产管理人如何处理债权债务才算尽到善良管理人的注意义务,如何才能降低承担民事责任的风险,还有一定的疑惑。如果对遗产管理人要求过高,缺乏统一的法律规则作为指引,遗产管理人的风险和利益不成比例,对遗产管理人明显不公;反之,对遗产管理人如何处理债权债务不加规范,则在我国当然限定继承制度的前提下,对遗产债权人获得公平受偿可能性带来威胁。

当遗产上的债权债务较多、法律关系较复杂的场合,遗产管理人为规避责任降低风险,可以借鉴域外比较成熟的遗产债务清偿程序。其目的就是在限定继承的背景下实现遗产债务的公平清偿。具体而言,可以借鉴公告申请与通知制度,于继承开始后,由遗产管理人通过公告寻找未知的遗产债权人并通知已知的债权人。在公告期间内不得为遗产债务的个别清偿。公告期满后,对于已知的和公告后获知的债权人,统一进行清偿。如果遗产不足以全额清偿遗产债务的,应先清偿有优先权的债权;如果都是普通债权,则按债权数额的比例清偿。统一清偿后才出现的遗产债权,以剩余遗产清偿,没有剩余遗产的,则不再清偿。

五、按照遗嘱或者依照法律规定分割遗产

原则上,只有在清偿遗产债务和应缴纳的税款后,才能分割遗产。遗产管理人首先应当对遗产进行分割,按照遗嘱向遗嘱继承人和受遗赠人交付相应遗产。如果没有遗嘱或者存在遗嘱未处分的遗产的,应当按照法律规定的继承顺序和应继份,向法定继承人移交遗产。在共同继承中,遗产管理人应依据共同继承人的遗产分割协议或者继承人分割遗产的请求,对遗产进行分割后,移交给继承人。为了遗产分割的需要,遗产管理人可以对遗产进行处分。

六、实施与管理遗产有关的其他必要行为

这是一项概括兜底规定。遗产管理人在遗产管理中可能要应对各种情况,即使不在本条前几项规定的情形中,遗产管理人也可采取必要的管理措施。但必须是为遗产管理的正当目的,其行为以必要为限。除本条之外,依照其他法律规定需要由遗产管理人实施的行为,均属于其他必要行为。如:遗产管理人领取被债务人提存的标的物;将受托人死亡导致委托合同终止的情况及时通知委托人;在委托人作出善后处理之前,受托人的遗产管理人应当采取必要措施防止因委托合同终止损害委托人的利益。

第一千一百四十八条　遗产管理人应当依法履行职责,因故意或者重大过失造成继承人、受遗赠人、债权人损害的,应当承担民事责任。

释　义

本条是关于遗产管理人承担民事责任的规定。

遗产管理人不尽职责所产生的民事责任通常是侵权责任或违约责任,也可以是侵权责任与违约责任的竞合。遗产管理人应当勤勉谨慎地履行法律所规定的各项职责,这构成一项法定义务。违反该义务侵害利害关系人合法权益造成损害的,应承担侵权责任。若遗产管理人是基于其与继承人之间的委托合同而产生,遗产管理人违反约定没有尽到职责,可构成违约责任。若遗产管理人的行为同时满足侵权责任和违约责任的要件,则属于责任竞合。本条虽未明确是侵权责任,但从法律条文的内容看,适用本条须以造成损害后果为要件,且遭受损害的一方不限于合同当事人,因此,应限缩解释为本条是遗产管理人承担侵权损害赔偿责任的法律依据。没有合同关系的继承人、受遗赠人、债权人、酌分请求权人若受损害,可依据本条直接向遗产管理人主张损害赔偿等民事责任。若承担违约责任则以合同关系为依据,除非合同中有约定,否则不以故意或重大过失为违约责任构成要件。

遗产管理人赔偿责任的范围通常以遗产价值为限。但故意损害继承利害关系人权益的,原则上应当赔偿全部损失而不享有限额豁免,在遗产价值之

外,利害关系人的可得利益损害,也应当赔偿。例如,遗产管理人故意烧毁遗产货运卡车,则除了赔偿卡车的价值外,还需赔偿因不能营运发生的利润损失。

遗产管理人承担侵权损害赔偿责任须符合以下构成要件:

一、遗产管理人没有依法履行职责

遗产管理人没有按照法律规定履行职责,意味着行为上具有客观不法性,是侵权行为构成要件之一。未依法履职的情形多种多样,需要针对具体的行为结合被违反的相应职责进行判断。例如,遗产管理人在制作遗产清单过程中有遗漏或不实记载的;不向继承人或其他利害关系人报告遗产的真实情况的;没有采取必要措施导致遗产毁损灭失的;怠于主张债权导致超过诉讼时效的;没有首先清偿具有优先效力的债权或者没有按比例清偿已知遗产债权的;错误清偿债务或者错误受领债权的;没有执行遗嘱继承或遗赠的;不当处理遗产造成损失的;没有按照约定的时间、份额分割遗产的;没有通知已知的遗产债权人参加遗产清算的;隐匿、侵吞遗产的;等等。

二、造成继承人、受遗赠人、债权人损害

遗产管理人未依法履行职责的行为,须造成损害,才产生损害赔偿责任。如果尚未造成损害,纵有未依法履行职责的事实,也不发生损害赔偿责任。但可以产生其他法律后果。例如,可以对不称职或有违法不当行为的遗产管理人解职,对不报告遗产情况的遗产管理人主张停止侵害、排除妨碍、实际履行。有域外立法例规定,若故意制作含有虚假债权或隐匿遗产的债权清单的,继承人将失去限定继承的利益,对遗产债务承担无限责任。显然这需要其他的法律依据,本条并不适用此类情况。本条适用的情形是遗产管理人故意或重大过失造成损害时的民事责任,其责任形式通常是损害赔偿。依据本条规定,遗产管理人的不法管理行为损害的对象是继承人、受遗赠人、债权人。理论上也应包含遗产酌分请求权人、剩余遗产的取得人(如村委会)等利害关系人。侵害的权利可以是遗产所有权、继承权、受遗赠权、对被继承人的债权、遗产酌分请求权、剩余遗产取得权。所生损害只包括财产损害,不包括非财产损害。遗产管理中的财产损害通常是指对遗产的损害。可以是对遗产的有形损害,如对遗产保管不当造成的损坏;也包括对遗产的价值损害,如以较低的价格将遗

产变卖、因错误清偿或怠于主张权利而使遗产价值减少。除遗产损害外,若因遗产管理人的过错而使遗产债权人、受遗赠人等利害关系人本可获得清偿的部分丧失清偿可能的,也属于本条所指损害。

三、因果关系

遗产管理人未依法履行职责的行为与继承人、受遗赠人、债权人权益的损害之间,须具有因果关系。所谓因果关系就是两个现象之间引起和被引起的关系。如果损害不是因为遗产管理人的行为引起,则不产生损害赔偿责任。法律上的因果关系通常要求具有相当性,即作为原因的行为通常会引起该损害后果的发生时才会被认为具有相当因果关系,以排除因果关系认定中的偶然性因素。

四、遗产管理人主观上具有故意或者重大过失

故意或过失是过错责任原则所要求的可归责事由。依本条规定,遗产管理人所承担的责任属于过错责任。即有过错则有责任,无过错则无责任。故意或过失是过错的两种形态。过错的有无和过错的程度是需要判断的两个重要问题。过错有无判定之后,还需判断过错程度。虽有过错但未达到法律所要求的程度,也不承担相应责任。本条规定遗产管理人在故意或者重大过失时承担民事责任,若仅为普通过失未达到重大过失的程度,则不承担本条所规定的责任。

故意是指明知自己的行为可以造成损害后果却希望或放任该损害后果的发生,即知而犯之。故意是依据行为人主观心理状态进行的过错判断。过失既可以根据行为人过于自信或疏忽大意的主观心理状态判断,也可以根据不同的注意义务标准进行客观判断。随着过错判断标准的客观化倾向,对于遗产管理人过失的有无,主要依据其管理行为是否达到合理注意标准进行判断。

遗产管理人须达到何种注意义务标准,有不同主张。有的主张应当"以对其固有财产同样的注意义务"妥善管理遗产;①有的主张适用"善良管理人"的注意义务标准;②也有主张有报酬的,应尽善良管理人的注意义务,无偿

---

① 参见《日本民法典》第 918 条。
② 参见史上宽:《继承法论》,中国政法大学出版社 2000 年版,第 374、379 页。

的应尽与处理自己事务同一的注意义务。① 其中,"善良管理人"的注意义务
标准更符合遗产管理人法定职责的要求。遗产管理人履行职责时,无论是否
有报酬,均应尽善良管理人的注意义务,而不是与处理自己事务同一的注意义
务。是否收取报酬是责任范围的考量因素,不是责任成立的考量因素。善良
管理人的注意义务简言之就是要求遗产管理人达到谨慎人的注意程度。遗产
管理并非管理人对自己事务的管理,而是为继承人、受遗赠人、遗产债权人等
多方主体利益而管理,勤勉谨慎地进行管理是对遗产管理人的必然要求,只有
善良管理人的注意义务标准才能满足各方利害关系人的合理期待。

违反善良管理人的注意义务,构成一般过失。对遗产管理人的注意义务
要求越高,就越容易产生过失。虽然从利害关系人的立场,希望管理人的勤勉
与谨慎给自己带来安全,但从管理人的立场,不能因责任过重而使之知难而
退,造成无人愿意担任遗产管理人的困境。尤其遗产处理繁杂细琐,难以不出
纰漏,虽然以善良管理人的注意要求遗产管理人谨慎勤勉,但并非一有过失即
面对责任,本条规定遗产管理人仅在故意或重大过失时才承担责任。所谓重
大过失是指显而易见的过失。普通人只要稍加注意即可避免的损害,遗产管
理人却疏忽大意没能避免损害结果发生,即构成重大过失。

依据本条承担过错责任的,其责任形式、损害赔偿范围等责任后果,适用
《民法典·侵权责任编》以及相关法律的有关规定。

第一千一百四十九条　遗产管理人可以依照法律规定或者
按照约定获得报酬。

释　义

本条是关于遗产管理人报酬的规定。

一、遗产管理人报酬的请求权基础

遗产管理人在何种情况下可以获得报酬,是一个比较复杂的问题。本条
对此问题表明的立场是:并不禁止遗产管理人获得报酬。遗产管理人可以获

---

① 参见胡长清:《中国民法继承论》,商务印书馆1946年版,第150页。

得报酬,但获得报酬必须有正当依据,不是所有的遗产管理人都可以无条件地主张报酬。报酬的请求权基础有二:其一,法律有规定;其二,合同有约定。本条是引致性规范,即本条不能单独作为主张报酬的请求权基础,必须有相应的法律规定或合同约定,并以之作为请求权基础,才能获得报酬。与本条比较接近的立法例是《埃塞俄比亚民法典》。该法第 959 条关于清算人的报酬规定,"根据死者确定的条件、继承人间的协议或法院规定,清算人以完成的工作取得报酬属于正当时,他有权取得报酬。"与之相比,我国立法有三点不同:其一,本条没有规定遗嘱可以作为报酬请求权的依据。如果遗嘱在指定遗产管理人的同时,也明确了报酬,遗嘱有效的,应当类推协议约定而被允许。其二,本条没有明确约定的主体是谁。基于概括继承的原理,继承人或其全体取得遗产的所有权。以遗产为限清偿的债务,继承人或继承人全体是义务人。因此,约定报酬的协议应当由遗产管理人与继承人或其全体达成。其三,本条没有授权法院作出规定,而是由法律作出规定。法院可以通过司法解释进一步细化相关规则。这是与我国的立法与司法体制相适应的。

本条没有像有的立法例那样一概禁止遗产管理人获得报酬。如《葡萄牙民法典》第 2094 条中规定"待分割财产管理人一职属无偿性质"。因为遗产管理人由继承人以外的无利害关系人担任时,形成有偿服务的法律关系符合我国生活常理,立法无意否定该有偿服务合同的效力。即使双方没有达成约定,提供了遗产管理服务的一方,也应可以依照法律规定向受益的继承人主张报酬。

本条没有像有的立法例那样普遍承认遗产管理人的报酬请求权。我国的遗产管理人不仅包括继承人之外无利害关系的人,也可以是继承人或者其他利害关系人担任遗产管理人;遗产管理行为不仅针对无人继承的遗产或者需要进行清算的遗产,也包括不进入清算程序且有继承人继承的遗产管理。情况复杂不能一概而论。当继承人或其全体担任遗产管理人时,是为自己之利益而为管理,当然不能对自己主张报酬。例如,《阿根廷民法典》第 3373 条明确规定继承人管理遗产不得主张任何佣金。即"附清单利益的继承人对其管理中的一切重大过失负责;即使在全部遗产用于满足债权时,附清单利益的继承人虽已将遗产委托于债权人和受遗赠人,也不得因其管理而主张任何佣金"。

本条没有像法国、俄罗斯、越南等国的立法例那样,将报酬的请求权基础局限于合同有约定。而是承认合同约定之外,可由法律作出规定。例如,受遗赠人或债权人等其他利害关系人受继承人委托管理遗产,既有共益属性,也有自益属性,若无协议约定报酬,一概否定并不妥当,对此,可以由法律规定创设报酬请求权。再如,无人继承的遗产,民政部门或村委会作为遗产管理人的,若无继承人出现并与之达成关于报酬的约定,则只能由法律来规定。本条中的"法律"可广义理解,即不限于全国人大及其常委会制定的法律,本条作为基本民事制度已经表明立场,获得报酬的具体情形可交由其他层级的立法作出规定。

二、报酬的确定与清偿

遗产管理人的报酬数额有约定的依照约定,有遗嘱的按照遗嘱中的数额确定。没有约定或遗嘱,双方无法协商达成一致,法律也没有明确规定的,法院可以酌情确定合理的数额。报酬的数额一般应与遗产管理人的管理行为所带来的受益相一致。如果报酬的数额与双缺乏继承人的必留份发生冲突,应当缩减报酬的数额。如果遗产管理人有违反职责的行为,应当扣减报酬。

遗产管理人的报酬以遗产负担。在继承法理论中,遗产管理人的报酬属于"继承费用"的范畴,可优先于遗产债权而获清偿。我国《民法典》没有关于继承费用的规定,可以比照《中华人民共和国企业破产法》中"破产费用"受偿顺序的规定处理。"继承费用"通常具有以下特征:(1)继承费用是为遗产管理、遗产分割、遗嘱执行等支出的必要、合理的费用。由于遗产管理人的过错而产生的额外费用,应当由遗产管理人自己负担。(2)继承费用须于继承开始后发生,不同于被继承人生前所负债务,不属于概括继承的标的。(3)继承费用是为了继承人、受遗赠人、债权人、酌分请求权人等利害关系人的共同利益而发生的费用,具有共益费用的性质。继承费用的内容包括:遗产保管、诉讼、管理报酬等管理费用;遗产变价、分割费用;遗嘱执行费用;等等。若经判断,遗产管理人的报酬不符合继承费用的构成要件,则不享有优先受偿的地位。但该报酬请求权并非无效只是清偿顺序不能优先于遗产债权而已。例如,继承人之一为全体继承人管理遗产约定报酬的,遗产分割后没有清偿遗产债权的,遗产债权人主张权利时,该报酬的约定不能对抗遗产债权人的债权。

第一千一百五十条　继承开始后,知道被继承人死亡的继承人应当及时通知其他继承人和遗嘱执行人。继承人中无人知道被继承人死亡或者知道被继承人死亡而不能通知的,由被继承人生前所在单位或者住所地的居民委员会、村民委员会负责通知。

释　义

本条是关于继承开始的通知的规定。

继承于被继承人死亡时开始。如果继承人因为距离或信息传递等因素不知道被继承人死亡的消息,继承程序会停顿,时间会拖延,利害关系人的利益将增加风险,遗产的清算与分配无法顺利进行。继承人收到继承开始的通知后可以表示是否接受继承;可以对遗产进行管理、行使遗产权利;遗嘱执行人收到通知后可以开始履行职责。可见,将被继承人已经死亡的信息通知继承人和遗嘱执行人,是继承开始后的必要环节。

本条所规定的通知,内容为被继承人死亡,继承已经开始。在时间上,通知行为应当及时。

通知的主体为已经知道被继承人死亡的继承人。负有通知义务的继承人包括第一顺序或第二顺序的继承人以及代位继承人和转继承人,不能因为继承顺序在后而拒绝通知顺序在先的继承人。负责处理被继承人死亡事件的部门如公安机关、医院等,会将被继承人死亡的消息传递给死者亲属,但却不属于本条所涵摄的通知义务主体。受遗赠人、遗嘱保管人、遗产保管人、遗产债权人、继承人的债权人和债务人等与继承有利害关系的人或者邻居、亲友等无利害关系的人知道被继承人死亡的,可以通知继承人或遗嘱执行人,但同样不属于本条所涵摄的通知义务主体。如果继承人中没有人知道被继承人死亡,或者知道被继承人死亡而不能通知的,由替代通知的义务主体负责通知。替代通知的义务主体是被继承人生前所在单位或者住所地的基层组织——居民委员会、村民委员会。例如,如果被继承人死亡,其配偶是植物人时,可以由被继承人所在单位或住所地基层组织负责通知。由于通知行为的性质属于观念通知而非民事法律行为,即使是无民事行为能力或限制民事行为能力人所做的通知行为也具有法律效力。皆可引起接受或放弃继承、受遗赠的时间起算。

通知的对象是其他继承人和遗嘱执行人。应通知的继承人包括法定继承人和遗嘱继承人,但只需通知"应召继承人"即可。就法定继承而言,应召继承人是因为继承顺序优先或因代位继承而能概括继承遗产的继承人。当有第一顺序继承人时应通知第一顺序继承人,对第二顺序继承人和受遗赠人的通知可自愿为之,并非本条的强制要求。但如果第一顺序继承人放弃或丧失继承权,应及时通知第二顺序继承人。就遗嘱继承而言,应召继承人是遗嘱中指定的继承人和遗嘱未处分遗产的法定继承人。知道被继承人死亡的继承人通知遗嘱执行人后,遗嘱执行人基于其职责,也负有通知其他遗嘱继承人的义务。

本条在法律性质上属于义务性规范和强行性规范。负有通知义务的继承人或其他义务主体可以亲自通知,也可以委托传达人代为通知。通知的方式为不要式,采用书面形式、口头形式、电子形式或其他方式,只要是能传递通知信息的有效方式均可。但除非无法直接通知,不得首先采取公告的方式。继承开始的通知系法定义务,因此,如果知道继承开始的人没有通知其他继承人或者通知时有遗漏,应有相应的法律后果。由于过失或者客观原因导致的通知遗漏,在发现后应当及时通知,并采取补救措施避免造成未受通知继承人的损害。恶意隐瞒被继承人死亡事实的继承人,给他人造成损害的,应当承担损害赔偿责任。若因为客观原因存在无法通知的继承人的,应当在遗产处理中为其保留应继份或必留份。司法实践中,人民法院审理继承案件时,如果知道有继承人而无法通知的,分割遗产时,要保留其应当继承的遗产,并确定该遗产的保管人或保管单位。但如果并不确定是否有其他继承人存在,则需要由主张还有其他继承人存在的一方承担举证责任。例如,在原告潘某 1 诉被告潘某 2、潘某 3、潘某 4、潘某 5 法定继承纠纷一案中,是否还存在其他需要通知的继承人的问题,一审判决书中认为①:"诉讼中,经本院告知原告提供被继承人黄四妹的兄弟姐妹及其继承人的身份信息等,原告书面答复表示对黄四妹同父同母兄弟姐妹的身份等信息均无知情人,无法提供。被告潘某 2 在庭审中亦表示不清楚黄四妹兄弟姐妹的名字,没有联系方式,也不清楚是否在世。""对于黄四妹的其他兄弟姐妹,本案当事人均不能提供身份信息,且不清楚是否已经死亡,亦不清楚是否有其他继承人,故本院不能确定对黄四妹遗产是否存在其他继承人,认定由原告与四被告参与继承被继承人黄四妹遗产。"

本条规定的通知是继承开始的通知,不同于遗产处理程序中对遗产债权

---

① 参见佛山市禅城区人民法院〔2016〕粤 0604 民初第 12491 号民事判决书。

人、受遗赠人的通知。通知遗产债权人申报债权、通知受遗赠人受领遗赠需要适用其他法律规定,不能将其与本条混淆。

第一千一百五十一条 存有遗产的人,应当妥善保管遗产,任何组织或者个人不得侵吞或者争抢。

释 义

本条是关于遗产保管的规定。

一、存有遗产人的法定保管义务

本条的适用范围限于继承开始后占有遗产的人对所占有的遗产承担保管义务的情形,不包括遗产管理人基于职责而为保管的情形。遗产管理人对遗产的保管,适用遗产管理人的职责和违反职责承担民事责任的法律规定。

本条中的"存有遗产"是指继承开始后对遗产有事实上的占有状态。该事实占有不以有本权为必要,只要有对遗产支配、管领的占有事实即负有保管义务。例如,继承开始后,属于遗产的房屋由承租人占有使用中,该承租人是基于有本权的占有而承担保管义务。反之,若继承开始后,遗产为无权占有人占有也负有保管义务。

存有遗产的人是保管义务人。可以是继承人,也可以是继承人之外的第三人。第三人不限于自然人,也可以是法人或非法人组织,如存有遗产的仓储法人、存有涉及遗产财务账本的公司等。

作为被保管的标的,并不限于遗产本身,也包括与遗产有关的权利凭证、账本、票证、印章、法律文件等与清算有关的一切凭据。

本条对遗产占有人保管义务的规定是一项法定义务。存有遗产的人应当尽到与保存自己财产相同的注意义务,妥善保管遗产。因保管遗产而支出的必要费用,应当作为继承费用由遗产负担。单就本条规定而言,该保管义务的承担具有无偿性。除依据本条外,如果存有遗产的人对遗产的保管还有其他法律关系为依据,且负有更高的注意义务,则依其法律关系确定注意义务的程度。例如,《民法典·合同编》第 897 条规定,"保管期内,因保管人保管不善造成保管物毁损、灭失的,保管人应当承担赔偿责任。但是,无偿保管人证明自己没有故意或者重大过失的,不承担赔偿责任"。如果存有遗产的人与被继承人有保管合同关系的保管人,则依据其保管为有偿或无偿而承担不同的责任。此为作为义务发生基础的法律关系发生竞合。又如,存有遗产的人若是借用人,借用合同未被法律规定为有名合同,则借用人作为存有遗产的人可依据本条的规定,承担与保管自己财产相同的注意义务。

本条的保管既可以适用于遗产的临时性保管,也可以适用于辅助保管义务人的保管。临时性的保管是指继承开始后至继承人或遗产管理人确定前的期间,由于取得或管理遗产的权利人尚不明确,因此暂由遗产的占有人负责保管。一旦继承人或遗产管理人得以确定,则遗产转由这些有权管理之人管理,临时管理即告结束。财产由被继承人生前自己占有的,继承开始后,知道被继承人死亡的继承人或无因管理人可以对遗产进行临时保管。无人继承或继承人不明的遗产,由负责处理被继承人死亡事件的部门或基层组织作为临时保管人。临时保管人负有向继承人或遗产管理人报告遗产情况和应要求移交遗产的义务。遗产占有人在遗产易腐烂变质等紧急情况下,为保存遗产价值而进行处分的,事后应当及时通知继承人和遗产管理人,并将所得价款归入遗产。存有遗产的继承人放弃继承之前进行的保管行为,也属于临时性保管。放弃继承后,该继承人保管的遗产应转由其他继承人管理。在《德国民法典》第1959条中,放弃继承权的人可以向后来的继承人依据无因管理而主张所支出的必要保管费用。我国法律对因保管支出的必要费用承担没有规定,可以借鉴德国立法例,类推适用无因管理的规则处理。

辅助保管是指遗产占有人为了保全遗产而在必要的限度内帮助继承人或遗产管理人保管遗产。辅助保管人类似于德国法中的遗产保佐人。我国法律没有德国法中的由法院选任遗产保佐人的制度,我国的遗产辅助保管关系可以依据继承人或遗产管理人与遗产占有人之间的委托合同、保管合同、仓储合同等产生。例如,继承人或遗产管理人作为委托人与他人达成托管协议,将遗产中的贵重物品交给受托人保管。辅助保管人应委托人的请求,有义务向委托人或委托人指示的遗产债权人移交所占有的遗产。

保管人的义务通常限于遗产的保全行为,可以收取孳息。是否享有使用和收益权能,由占有遗产的原权利而定,如果是承租权人则可以占有使用,如果是保管合同中的保管人,则仅能为占有。如果为了遗产分割或清偿债务而变价,辅助管理人须经委托人指示方可为处分行为。

二、侵吞遗产的法律后果

本条中的"任何组织或者个人不得侵吞或者争抢",主要是指继承人之外的人或组织不得侵吞或将遗产非法据为己有。遗产继承是以继承权为核心的遗产传承法律机制,侵吞或争抢均会破坏继承秩序,故此,法律明确禁止。

不得侵吞或争抢之人包括继承开始时存有遗产的人,也包括存有遗产之外的人,泛指不特定的义务主体,也凸显出继承权具有对世权属性。如果遗产被占有人或者其他人不法侵占,继承人或遗产管理人应依据不同情形而主张返还遗产或赔偿损失。

如果无继承权的人没有合法依据而占有遗产,或者占有遗产的继承人否认其他继承人的继承权,享有继承权的人可以行使继承回复请求权,请求法院确认自己具有继承权,或对方没有继承权,使假借继承的名义不法侵占遗产的人返还遗产。继承回复请求权是指当合法继承人发现自己的继承权受到他人以继承的名义侵害时,所享有的请求确认其继承权并返还遗产的权利。大多数国家的民法典对继承回复请求权都有规定。关于继承回复请求权的性质在立法例上主要存在三种学说:继承地位恢复说、遗产权利恢复说、可同时恢复的折中说。折中说既包括确认继承人的继承权又包括请求返还遗产的权利,能全面保护继承人的权利,值得赞同。我国法律虽未明确规定继承回复请求权,但自《中华人民共和国侵权责任法》施行后,理论与实践均认可继承权可以成为受侵权法保护的法益,两者虽然法理基础不同,但在继承回复请求权制度缺位的情况下,转介侵害继承权的侵权责任以实现救济继承人的部分功能。此外,人民法院曾于司法解释中规定,对于故意隐匿、侵吞或争抢遗产的继承人,可以酌情减少其应继承的遗产份额。

如果遗产的不法占有人只是侵害遗产的占有,并没有借用继承的名义,则属于一般侵权行为,继承人可以基于侵权责任主张返还遗产。遗产被处分或者损毁、灭失的,可以请求损害赔偿。

存有遗产的人,除了上述侵吞或争抢遗产的行为外,如果保管遗产不当造成遗产毁损、灭失的,应承担损害赔偿责任。比照遗产管理人的责任和保管合同中保管人责任的规定,遗产保管人为无偿保管时仅对因故意或重大过失所生损害承担赔偿责任。保管人若有偿保管时对一般过失也应承担损害赔偿责任。

第一千一百五十二条 继承开始后,继承人于遗产分割前死亡,并没有放弃继承的,该继承人应当继承的遗产转给其继承人,但是遗嘱另有安排的除外。

释 义

本条是关于转继承的规定。

一、转继承的含义

转继承是指继承人在继承开始后遗产分割前死亡,且没有表示放弃继承的,其应当继承的遗产转由该继承人的其他继承人继承的情形。转继承也称再继承,实质上是因为被继承人和被转继承人的先后死亡,而产生的两个甚至多个相互关联的继承关系。其中,晚于被继承人死亡的继承人称为被转继承人;被转继承人的继承人称为转继承人。转继承的法律效果就是将被转继承人应当继承的遗产转给其继承人。例如,被继承人 A 死亡,有第一顺序继承人 B 和 C,A 的遗产没有分割,B 又死亡。B 从 A 继承的遗产,转由 B 的继承人 D 和 E 继承。B 就是被转继承人,D 和 E 是转继承人。依据按支系继承的原则,D 和 E 只能继承 B 从 A 那里继承的应继份额,而不是 C、D、E 三人共同继承 A 的遗产。B 死亡时如果也留有遗产,D 和 E 在转继承 A 的遗产的同时,也会继承 B 的遗产。无论 B 自己的遗产还是 B 从 A 继承的尚未分割的遗产,都属于 B 的遗产范畴,D 和 E 基于对 B 的继承关系概括继承 B 的全部遗产。可见转继承中的继承关系是两个或多个,只是在转得的遗产分割上减少了环节而已。

转继承制度的功能,在程序法上表现为可以将多个继承关系,合并为一个诉讼标的,得以在一个诉讼中处理。在实体法上表现为防止由于继承人在遗产分割前死亡带来的不确定性,消除继承人在遗产分割前后死亡的继承法律效果的差异性。

关于转继承的性质,核心问题是如何认识转继承人的继承客体,即转继承人从被转继承人那里继承的到底是遗产还是对被继承人的继承权。直接继承说认为,转继承人从被转继承人处继承的是对被继承人的继承权。转继承人可以行使承认或放弃该继承权的权利。如果选择承认继承,转继承人继受取得的是被转继承人对被继承人的继承权,并基于该权利直接继承被继承人的遗产。如《法国民法典》第781条规定:"如有继承权的人在尚未明示或默示放弃或承认继承之前死亡,该人的继承人得以其名义承认或放弃继承。"《德国民法典》第1952条和《日本民法典》第916条均持继承人承认或放弃遗产的权利可以被继承的立场。间接继承说认为转继承中,转继承人是基于自己对被转继承人的继承权,间接地从被继承人那里取得遗产。继承的客体是被转继承人的遗产而不是承认或放弃继承的权利。《继承法意见》第52条中规定"其继承遗产的权利转移给他的合法继承人。"从《民法典·继承编》中的本条表述看与《继承法意见》第52条并不相同,本条的规定是"该继承人应当继承的遗产转给其继承人",表明了《民法典·继承编》采间接继承说的立场。即:我国《民法典》中规定的转继承客体是被转继承人从被继承人处继承的遗产,而不是被转继承人对被继承人的继承权。

间接继承说的意义在于:(1)消除了转继承和二次继承的效果差别。按照间接继承说,转继承人继承的是被转继承人的遗产,承认被转继承人在第一次继承中取得了遗产,而且属于被转继承人与配偶在婚姻关系存续期间获得的夫妻共有财产。这样,在确定第二次继承的遗产范围时,就需要先分割出属于配偶所有的部分。如果是直接继承说,则此时配偶并没有获得夫妻共有财产,其仅能作为转继承人与其他转继承人参与第一次继承中被继承人的遗产分割,没有机会取得夫妻共有财产。由于遗产何时分割多属于人为的偶然因素,不应因为遗产分割的早晚而影响被转继承人配偶的地位。所以,间接继承说更有利于消除转继承和二次继承的差异性,保护配偶的夫妻共有财产不因遗产分割的延迟而受影响。例如,甲死亡时留有遗产定期存单20万元,法定继承人为儿子乙和丙。二人商定待存单到期后均分。不久,乙死亡。乙只有配偶乙妻和儿子丁是顺序在先的法定继承人。乙的遗产由乙妻和丁继承。存单到期后,丙分得10万元,乙应分得的10万元属于乙和乙妻的夫妻共有财产,分出5万元归乙妻后,剩余的5万元为乙的遗产,由乙妻和丁各自继承2.5万元。这与乙在分得甲的遗产后死亡的结果是一样的。(2)间接继承说以被转继承人为第二次继承的被继承人,两个继承关系清晰明了,降低了转继承人对第一次继承的参与程度。除了达成分割协议外,转继承人仅在全体放弃转继承的情形下,才会对第一次继承发生影响。由于我国法律并没有对继承人接受或放弃继承的意思表示设置固定期限,也没有规定选择限定继承需要作出相应的意思表示,因此,转继承人参与第一次继承的必要性不如有前述规定的国家。(3)间接继承说更符合概括继承的原理。第一次继承发生后,继承标的已经发生概括移转,甚至应继份已经确定,仅没有因分割转变为个别所有而已。此时被转继承人死亡,其遗产中当然包括尚未分割但已经取得共有权的第一次继承获得的财产。在第一次继承为单独继承的场合,由于没有其他继承人,被转继承人未放弃继承就会直接取得遗产上的权利。转继承人依据自己对被转继承人的继承权即可完成继承,无须借助代位行使被转继承人的继承权或者继承其继承权的解释方式。综上,间接继承说与直接继承说相比更适合于对我国继承法律制度的解释。

二、转继承的特征

(一) 被转继承人是被继承人的继承人

被转继承人可以是被继承人的法定继承人或者遗嘱继承人。但法定继承人只限于因为顺位在先而取得继承既得权,可以继承遗产的继承人。与代位继承不同,代位继承中的被代位人只能是被继承人的子女,或者没有第一顺序继承人时被继承人的兄弟姐妹。被转继承人不限于被继承人的子女或兄弟姐妹,可以是配偶、父母、祖父母、外祖父母。孙子女、外孙子女、兄弟姐妹的子女在代位继承中死亡的,也可以成为被转继承人。

(二) 被转继承人于继承开始后,遗产分割前死亡

转继承适用于继承人后于被继承人死亡而未分割遗产的情形。与代位继承不同之处在于代位继承中的被代位继承人是先于被继承人死亡,继承开始前就已经死亡的继承人本不具有继承主体资格,但为维护支系之间的公平性以及使遗产得以向后代传承,特允许子女的晚辈直系血亲代位继承。被转继承人在继承开始后尚生存,具有继承人的资格。继承人如果在遗产分割后死亡,此时继承人已经取得单独的财产权,第二次继承与第一次继承已无关联,无须引用转继承的规定。本条以被转继承人在继承开始后,遗产分割前死亡为要件,而遗产分割为共同继承中的现象,单独继承不存在遗产分割这个时间点。但这并不意味着转继承不能发生在单独继承的场合。从立法本意出发,转继承是为了解决第一次继承未完成,被转继承人尚未取得独立财产的问题。第一次继承如果是单独继承虽无分割问题,但也有继承未完成的问题。如遗产没有从被继承人与兄弟姐妹的共有财产中分离出来,或者没有来得及过户

登记到被转继承人的名下,此时第二次继承与第一次继承仍会衔接,也发生转继承。本条的适用应立足于立法本意而不能局限于遗产分割的文义。符合立法本意的表达应当为:被转继承人于继承开始后,取得单独的遗产权利前死亡的,可以转继承。

(三)被转继承人没有放弃继承

被转继承人如果生前放弃继承,则视为自始不存在该继承人,其应继份额由被继承人的其他继承人继承,不发生转继承。

(四)转继承人是被转继承人的继承人

转继承人可以是被转继承人的顺序在先的法定继承人,如配偶、父母、子女、兄弟姐妹、祖父母、外祖父母等,也包括代位继承人。如果被转继承人立有遗嘱,转继承人也可以是遗嘱继承人。可见,转继承不仅可以适用于法定继承,也可以适用于遗嘱继承。如果被继承人死亡而有受遗赠人的,受遗赠人表示接受遗赠但在取得遗赠前死亡的,其取得遗赠的权利属于债权,可转由其继承人继承。可以类推适用转继承的规定。代位继承则只限于法定继承,不适用于遗嘱继承和遗赠。代位继承人也只限于子女的晚辈直系血亲或兄弟姐妹的子女。

(五)转继承的客体是被转继承人的遗产

转继承人概括继承的客体是第二次继承中被转继承人遗留的个人合法财产。由于被转继承人的财产中存在第一次继承关系中尚未分割的部分,因此转继承人会参与第一次继承的遗产分割,使其成为第二次继承关系中可继承的被转继承人单独所有的遗产。与代位继承不同之处在于,代位继承只有一次继承关系,代位继承人继承的是被继承人的遗产。

三、遗嘱另有安排的除外

本条在对《继承法意见》中的转继承规定加以吸收的过程中,增加了"遗嘱另有安排的除外"的但书规定。但书中的遗嘱,既可以是被继承人的遗嘱,也可以是被转继承人的遗嘱。所谓"另有安排"是指遗嘱对出现继承人在继承开始后遗产分割前死亡这种情形,由谁继承作出了不同于转继承的安排。该但书不仅强调了转继承中遗嘱自由原则的优先地位,而且还为承认后位继承等遗嘱类型的效力间接地提供了法律依据。

具体而言,被继承人的遗嘱另行安排的方式,一种是通过后位继承遗嘱指定后位继承人;另一种是通过遗嘱指定后位受遗赠人。所谓后位继承也称次位继承,是指因遗嘱中所规定的某种条件的成就或期限的到来,由某遗嘱继承人所继承的财产又移转给其他继承人所有。被指定首先继承遗嘱人遗产的继承人叫前位继承人;其后从前位继承人那里取得遗产的继承人叫后位继承人或叫次位继承人。发生后位继承的条件通常是前位继承人死亡。后位继承人在前位继承人死亡时,可以从前位继承人那里取得被继承人的遗产。后位遗赠是指遗嘱继承人死亡时,其所继承的遗产遗赠给受遗赠人的遗嘱安排。例如,被继承人所立遗嘱中将遗产房屋一处指定由继承人甲继承,并写明如果甲死亡,该房屋转由另一继承人乙继承。如果继承开始后,甲于遗产分割前死亡,依据该遗嘱只发生后位继承,不发生转继承。

被继承人的遗嘱另有安排不包括剥夺被转继承人的继承权。因为被转继承人有继承权是转继承的前提。遗嘱只能作出不给转继承人继承机会的安排。被继承人通过遗嘱剥夺继承人对自己遗产的继承权,并不能阻止该人通过法律规定的转继承取得遗产。先后发生的两次继承虽有关联和衔接,但毕竟不是同一次继承。被继承人只能剥夺自己遗产继承人的继承权,不能剥夺被转继承人的继承人的继承权。例如,甲死亡时,有乙、丙、丁三位子女。儿子乙在遗产分割前死亡,转继承人是乙的弟弟丙和丁。如果甲的遗嘱排除了丁的继承权,指定遗产由乙、丙继承。丁虽不能直接继承甲的遗产,但可以通过转继承,参与继承乙尚未分割的遗产份额。

被转继承人的遗嘱另有安排的方式,是指定遗嘱继承人、将遗产遗赠他人或者剥夺继承人的继承权。例如,被继承人甲死亡,乙作为继承人在遗产分割前也死亡,乙立有遗嘱,自己的遗产全部由儿子丙继承,则乙应继承的甲的遗产,由丙继承,乙的其他继承人不发生转继承。

第一千一百五十三条　夫妻共同所有的财产,除有约定的外,遗产分割时,应当先将共同所有的财产的一半分出为配偶所有,其余的为被继承人的遗产。

遗产在家庭共有财产之中的,遗产分割时,应当先分出他人的财产。

释　义

本条是关于将遗产从共有财产中析产的规定。

遗产只能是被继承人死亡时遗留的个人财产,如果被继承人的财产处于与他人共有的状态,分割遗产时,不能侵害其他共有人的权益,不能将他人共有的部分作为遗产,必须先对共有财产进行析产,分出其他共有人的部分后,剩余的才属于遗产,实践中称其为"先析产后继承",是各国立法的通例。例如,《俄罗斯联邦民法典》第1138条中规定,已故配偶一方在该财产中的份额,属于遗产并按本法典规定的规则移转给继承人。《阿根廷民法典》第3753条中规定,配偶他方的份额,应在共同财产的分割账目中予以扣除。《越南民法典》第634条规定,遗产包括被继承人个人所有的财产、共有财产中属于被继承人的部分。

本条第1款是关于夫妻共同所有的财产如何析产的规定。夫妻共同所有是共同共有中的主要类型。因此,本条第1款专门对此作出规定"除有约定的外",是指夫妻约定财产制的情形。我国《民法典·婚姻家庭编》中规定,男女双方可以书面约定婚姻关系存续期间所得的财产以及婚前财产归各自所有、共同所有或者部分各自所有、部分共同所有。那么,如果按照夫妻约定财产制,约定婚姻关系存续期间所得的财产归各自所有,则不产生析产问题。如果没有书面约定或者约定不明,则按照法定的夫妻共同财产制处理。依据《民法典·婚姻家庭编》第1062条的规定,夫妻在婚姻关系存续期间所得的下列财产,为夫妻的共同财产,归夫妻共同所有:(1)工资、奖金、劳务报酬;(2)生产、经营、投资的收益;(3)知识产权的收益;(4)继承或者受赠的财产,但是遗嘱或者赠与合同中确定只归一方的财产除外;(5)其他应当归共同所有的财产。

夫妻共同所有的财产有的以实物形式存在,如一套住房;有的以价值形式存在,如存款或现金。如果是价值形态的共有财产,直接分出一半数额为配偶一方所有,剩余的就是遗产。如果是实物形式的夫妻共有财产,在继承开始后遗产分割前,被继承人的部分已经转入共同继承人共有的遗产财团之中,暂时形成了实物形式上的夫妻共有与价值形式上的继承人共有的复杂权利结构。在遗产分割时,此种复杂权利结构得以消解。将共有财产的一半分出,既可以是价值形态的,也可以是实物形态的。可以变价分割也可以折价补偿。不便于分割的,也可以协商由配偶和继承人共有,来代替原来的夫妻共有。若出现不便分割的财产时,通常会有针对性的规定,如《巴西民法典》第2019条规定,财产不能方便分割的,如它们不属于生存配偶享有的份额或单独一个继承人的份额,应将它们通过法院出卖,再分配其净值,但所有继承人同意将此等财产判归他们自己共有的,不在此限。如生存配偶或一个以上的继承人请求将此等财产判给自己,同时向其他人以现金支付经估价后的差额,法院不应实施上述出售。如一个以上的继承人请求分配裁判,应遵照竞价程序进行。

由于本条规定对夫妻共有财产按照一半的比例析产,是为了确定遗产的范围,而遗产是指积极财产而言,因此不包括消极财产按照一半的比例分割的问题。如果存在夫妻共同债务,应当承担连带清偿责任时,不能以本条的共同财产分割对抗被继承人生前负担的夫妻共同债务。例如,夫妻共同财产 200 万元,夫妻共同债务 80 万元。夫妻一方死亡后先进行析产,分出一半即 100 万元为遗产。债权人向继承人主张以遗产清偿 80 万元债务时,应当全部清偿,而不能只清偿 40 万元债务。遗产清偿超过 40 万元的部分,其他继承人可以向同样是继承人的配偶追偿,或者从配偶的遗产中扣除。《埃塞俄比亚民法典》第 1113 条第 1 项对继承人之间的追偿权有明文规定:"在遗产分割后不得不支付遗产的债务的继承人,当他支付了超出他最终要承担的份额的金额时,得向其共同继承人行使求偿权。"

本条第 2 款是关于家庭共有财产中的遗产分出之规定。家庭共有与夫妻共有均属于共同共有的类型。家庭共有以家庭成员生产生活共同体为基础而形成,如甲、乙、丙兄弟三人共同生活,一起从事个体经营而形成家庭共有财产,若甲死亡,需要从家庭共有财产中分出遗产之后才能继承。与夫妻共有财产的析产不同,家庭共有不能简单按照一半的比例分割,而应以出资情况、财产贡献、当事人约定等情况综合确定共有人所占比例。

由于继承案件中经常遇到遗产处于夫妻共有或家庭共有的情况,法定继承中或立遗嘱时误将共有财产全部当成遗产的情况时有发生,因此,本条对先析产后继承作出具体规定,便于司法裁判引用法律依据,具有现实意义。但本条第 1 款规定的夫妻共有与第 2 款规定的家庭共有并没有涵盖共有的全部情况。基于合伙而形成的共有或者基于共同购置的按份共有等均未包含在内。《葡萄牙民法典》并不是仅突出规定夫妻共有或家庭共有,而是针对各种共有关系的总体甚至扩大到遗产上有他人权利的情形作出规定,该立法例值得借鉴。《葡萄牙民法典》第 2099 条规定,"如在遗产中之特定财产上附有第三人之权利,属可通过一次性支付而消除者,且遗产内亦有足够之金钱进行一次性支付,则在一共同继承人或享有夫妻共同财产半数之配偶,均得要求在作出分割前通过一次性支付而消除有关权利。"我国立法上没有规定遗产处于其他共有的财产之中的情形,可以对本条进行目的性扩张解释,遗产分割时,也应当先分出他人的财产。关于合伙企业等法律另有规定的依照其规定。

第一千一百五十四条　有下列情形之一的,遗产中的有关部分按照法定继承办理:

(一)遗嘱继承人放弃继承或者受遗赠人放弃受遗赠;

(二)遗嘱继承人丧失继承权或者受遗赠人丧失受遗赠权;

(三)遗嘱继承人、受遗赠人先于遗嘱人死亡或者终止;

(四)遗嘱无效部分所涉及的遗产;

(五)遗嘱未处分的遗产。

释　义

本条是关于有遗嘱时法定继承适用范围的特别规定。

按照一般的原则,遗嘱继承优先于法定继承。当有遗嘱时就排除了法定继承的适用。但在遗嘱的效力或者继承人的资格等因素存在问题时,也有适用法定继承的例外情况。本条即对虽有遗嘱但遗产中的有关部分仍按照法定继承办理的几种情况作了特别规定。

一、遗嘱继承人放弃继承或者受遗赠人放弃受遗赠

遗嘱是立遗嘱人死亡时生效的单方法律行为。遗嘱指定继承人或者受遗赠人时,并不需要征得继承人或者受遗赠人同意。但在继承开始后,遗嘱继承人或受遗赠人有接受或放弃继承或受遗赠的权利。如果遗嘱继承人在继承开始后,以书面形式选择放弃继承,该遗嘱继承人视为自始不存在,该遗嘱继承人放弃继承的遗产,由立遗嘱人的法定继承人继承,而不是由其他遗嘱继承人继承。遗嘱继承人放弃继承的意思表示究竟是同时放弃法定继承权还是只放弃遗嘱继承权,以意思表示内容而定。若仅放弃遗嘱继承权,该继承人仍可依据法定继承人的顺序参与其他遗产的法定继承。若同时放弃法定继承权,则该继承人不仅不能遗嘱继承,也不能法定继承遗产。其晚辈直系血亲也不发生代位继承。受遗赠人在知道受遗赠后 60 日内,作出放弃受遗赠的表示,或

者到期没有表示被视为放弃受遗赠的,视为受遗赠人自始不存在。遗赠所涉及的遗产由立遗嘱人的其他法定继承人继承。放弃遗赠的期间起算点是继承开始后受遗赠人知道受遗赠之日。例如,郭某遗嘱将诉争房屋指定由余某继承,余某为受遗赠人。遗嘱在 2014 年 4 月 11 日写好当天即交给了余某,立遗嘱人郭某于 2014 年 4 月 14 日死亡,若余某在 2014 年 6 月 10 日知道郭某死亡的消息,则接受或放弃受遗赠的期间应从 2014 年 6 月 10 日起算。如果认为"遗嘱在 2014 年 4 月 11 日写好当天即交给了余某,即余某自 2014 年 4 月 11 日起即知晓其受郭某遗赠,则其至迟应当于 2014 年 6 月 10 日前作出接受或者放弃受遗赠的表示"。并以此认为余某以沉默而放弃受遗赠,遗产按照法定继承处理,则是错误的判断。① 因为立遗嘱人死亡前遗嘱尚未生效,受遗赠人对未生效的遗嘱无须表示接受或放弃。可见,本项的适用需要以继承权或受遗赠权的承认或放弃的正确判断为前提。

二、遗嘱继承人丧失继承权或者受遗赠人丧失受遗赠权

继承开始后,由于遗嘱继承人存在丧失继承权的情形,构成继承人的资格障碍,不能参与遗嘱继承也不能参与法定继承。由于代位继承只适用于法定继承,因此,遗嘱继承中不存在代位继承人代位遗嘱继承的可能。遗嘱继承人丧失继承权部分的遗产,由立遗嘱人的其他法定继承人继承。受遗赠人丧失受遗赠权与遗嘱继承人丧失继承权的法律效果相同,其本可受领的遗赠作为遗产,由立遗嘱人的法定继承人按照法定继承办理。《继承法》中没有规定受遗赠人丧失受遗赠权的内容,《民法典·继承编》做了增补,使法律条文更加完善。

三、遗嘱继承人、受遗赠人先于遗嘱人死亡或者终止

在继承开始时,如果遗嘱继承人已经死亡,则因继承人资格消灭而不能取得遗产。本条的立法意旨在于明确了遗嘱继承人先于立遗嘱人死亡的,不发生代位继承。该部分遗产由立遗嘱人的其他法定继承人继承。受遗赠人是法定继承人之外的自然人或组织。如果在继承开始时受遗赠的自然人已经先于

---

① 参见余某与李某、黄某涵、郭某伟、薛香松继承纠纷一审民事判决书(2015)锦江民初字第 2790 号。

立遗嘱人死亡或者受遗赠的法人或非法人组织已经先于立遗嘱人终止,遗赠涉及的遗产由立遗嘱人的继承人按照法定继承办理。

四、遗嘱无效部分所涉及的遗产

遗嘱可以因内容违反法律强制性规定、立遗嘱人欠缺遗嘱能力、违反法定形式、意思表示不真实等原因而无效。遗嘱无效有部分无效或全部无效之分。例如,遗嘱未给无劳动能力且无生活来源的继承人保留必要份额的,属于部分无效。遗嘱违反法律要求的自书遗嘱或代书遗嘱等遗嘱形式导致无效的,属于全部无效。遗嘱无效视为自始没有遗嘱或者对无效部分的遗产自始没有经遗嘱处分。无效部分所涉及的遗产,按照法定继承处理。如果遗嘱因为处分了他人财产而无效,无效部分涉及的是他人财产而不属于遗产,则不适用本项的规定。

五、遗嘱未处分的遗产

立遗嘱人在遗嘱中没有处分的财产,如果属于其遗产,则按照法定继承处理。本项规定是司法实务中经常会引用的法律条文,具有实践意义。例如,在马某甲、马某乙与马某丙、王某某遗嘱继承纠纷案中,"对于被告王某某、马某丙应当向马某丁给付的某村房屋分割款 316000 元,应视为马某丁对王某某、马某丙所享有的债权,马某丁死亡后,该笔债权应当作为马某丁的遗产予以继承。马某丁生前所立的公证遗嘱中未涉上述钱款,故上述钱款应当按照法定继承的方式继承。因马某戊先于马某丁死亡,故马某丙作为马某戊的女儿,可以代位继承马某丁的遗产。考虑某村房屋的原登记产权人为王某某,而马某丙尚未成年,该房屋的售房款保管于王某某处,故应由王某某向各继承人进行给付,其中马某丙可取得的部分,在马某丙成年前应由王某某代管,代管期间王某某不得损害马某丙的财产权益"。[①]

第一千一百五十五条　遗产分割时,应当保留胎儿的继承份额。胎儿娩出时是死体的,保留的份额按照法定继承办理。

[①]　参见马某甲、马某乙与马某丙、王某某遗嘱纠纷案一审民事判决书(2014)徐民一(民)初字第 6086 号。

释　义

本条是关于胎儿保留份的规定。

本条第一句是针对遗产分割时胎儿保留份的强行性规定。胎儿具有继承人资格并有继承既得权时,适用本条第一句的规定。保留的继承份额是法定应继份或指定应继份。本条第二句是针对胎儿娩出时是死体时,保留的份额按照法定继承办理的一般性规定。如果遗嘱对胎儿娩出时是死体的,其保留份另有安排时,依据遗嘱继承优先于法定继承的规则,优先适用遗嘱继承。本条与《民法典·总则编》自然人权利能力中对胎儿保护的规定相衔接,承认胎儿具有继承人资格,并明确了胎儿娩出时是死体的解除条件。

一、胎儿的继承人资格

继承人资格也即继承能力,属于民事权利能力的范畴。自然人之民事权利能力从出生时起到死亡时止。因此,于继承开始之时,具有民事权利能力的自然人皆具有继承能力。具有民事权利能力意味着只有在继承开始时尚生存的人才能有资格成为继承人。

继承开始时已经受孕的胎儿,因尚未出生,本不符合继承人资格,但胎儿数月后成为自然人是显见的趋势,继承被继承人的遗产通常也符合被继承人的意愿,为使胎儿未来出生后得以取得遗产,各国法律多对胎儿的继承人资格作出特殊的保护性规定。如《德国民法典》第 1923 条规定:(1)只有在继承开始时生存的人才能成为继承人。(2)在继承开始时尚未生存,但已被孕育成胎儿的人,视为在继承开始前已出生。《日本民法典》第 886 条规定:(1)胎儿在继承上,视为已经出生。(2)前项的规定,在胎儿以死体产出时,不予适用。《法国民法典》第 725 条中规定:“只有继承开始时生存的人,或者已受胎、出生时存活的人始能继承。”我国《民法典》没有在继承编中对继承人资格作出专条规定,但在总则编关于自然人民事权利能力的规定中,为保护胎儿利益,概括承认了胎儿的民事权利能力,其中就包含了遗产继承能力。《民法典·总则编》第 16 条规定:“涉及遗产继承、接受赠与等胎儿利益保护的,胎儿视为具有民事权利能力。但是,胎儿娩出时为死体的,其民事权利能力自始不存在。”就立法技术而言,该条是以附条件的方式将胎儿拟制为已经出生的自然人。所附条件究竟理解为延缓条件还是解除条件是一个理论问题。若为延缓条件,则只能等待胎儿出生后才能溯及至受胎之时而有权利能力。未出生之前条件尚不具备,则不能继承遗产。依据《法国民法典》的规定,只有在继承开始时已受胎、出生时存活的人始能继承,文义上应属延缓条件。若为解除条件则胎儿不待出生即具有继承能力,该能力若遇死产则自始不存在。若顺利出生则不影响其有继承遗产的资格,提前了胎儿行使权利的时间。从我国《民法典》第16条的条文表述上看,也应解释为附胎儿娩出时为死体的解除条件。

胎儿不限于被继承人的"遗腹子",也可以是其他继承人,如代位继承人或转继承人。胎儿不限于婚生,非婚生胎儿享有与婚生相同的继承权。胎儿也不限于自然受孕,通过人工辅助生殖技术受孕的胎儿也具有相同的法律地位。《最高人民法院关于夫妻关系存续期间以人工授精所生子女的法律地位的复函》中认为,"在夫妻关系存续期间,双方一致同意进行人工授精,所生子女应视为夫妻双方的婚生子女。"在最高人民法院指导案例50号"李某、郭某阳诉郭某和、童某某继承纠纷案"中,进一步明确了这一立场:"夫妻关系存续期间,双方一致同意利用他人的精子进行人工授精并使女方受孕后,男方反悔,而女方坚持生出该子女的,不论该子女是否在夫妻关系存续期间出生,都应视为夫妻双方的婚生子女"。

依据本条保留继承份额的前提是该胎儿具有继承人资格。胎儿拥有继承人资格除了必须不满足解除条件外,还必须是在继承开始时虽未出生但已经受胎的胎儿。原则上不包括尚未孕育之人。如何判断是否已经受胎,多以医学检测依据或者经验法则。有的立法例直接规定出生前的一定天数推定为已经怀孕。如《意大利民法典》第462条第2款规定:"除有相反的证明场合外,自被继承人死亡之日起在三百日内出生的人,推定系在继承开始时被怀胎。"

随着人工生殖技术的进步,人类已经能够通过试管婴儿等生殖技术在一方死亡后孕育其子女。经被继承人生前同意,于继承开始后限定的时间内通过人工生殖技术孕育并出生的子女,可否具有继承能力,是一个发展性的问题。伦理是动态可变的社会观念,被继承人生前同意而于死亡后孕育出生的子女,实现了被继承人留有后代的愿望,符合人类情感,不应被伦理棒杀。个别违反伦理利用人工生殖技术的情况确有存在,但不能以偏概全,更不可使出生的子女无辜受过。子女出生后根据人格平等与尊严受保护的民法精神,应有条件地赋予继承能力。尤其在遗嘱继承、遗赠或遗嘱信托中,要求遗嘱继承人、受遗赠人或者受益人必须于继承开始时已经受孕违背人之常情。《意大利民法典》第462条第3款规定:"在遗嘱人死亡时生存的特定人的子女,即使是未被怀胎的人,亦得依遗嘱承受财产。"可见,理论上可以将遗嘱继承人、受遗赠人的资格作例外处理。通过遗嘱将遗产保留给继承开始时尚不存在的子女,符合遗嘱自由原则。由于精子或胚胎可以保存多年,在丈夫死亡很久后孕育的子女若仍具有继承资格,不仅拖延遗产继承,影响其他继承人实现权利,而且使得保留的遗产长期处于权利能行使状态,因此,继承开始后孕育的子女,其接受遗产的权利需要有一定的期限限制。

二、本条适用中存在的问题

本条在司法实践中经常被引用,但在理解上存在很多分歧,需要分析并澄清。

(一)本条的适用范围不限于法定继承

胎儿的继承份额可以是法定继承中的法定应继份,也可以是遗嘱继承中的指定应继份。在遗产分割时,胎儿尚未出生的,均应适用本条予以保留。在继承开始后已经受孕的胎儿,在遗产分割时已经出生的,可以直接参与分割遗产,不适用本条规定。本条是继承编第四章"遗产的处理"中的规定,无论是法定继承还是遗嘱继承均应在遗产分割时,依据本条为胎儿保留遗产份额。

依据本条保留继承份额的胎儿,必须是根据遗嘱或者法定继承顺序可以继承遗产的继承既得权人。不仅要有继承人资格,而且要有继承既得权。仅有继承人资格但不具有继承既得权的胎儿不适用本条规定。由于继承人资格和受遗赠人资格都属于民事权利能力的范畴,我国立法上没作区分,受遗赠权的得丧比照继承权处理。因此,胎儿受遗赠时,也应当依据本条为胎儿保留相应的遗赠。司法实践中也采此立场,例如,防城港市中级人民法院(2019)桂06民申30号再审民事裁定书中认为:"关于遗产继承胎儿预留份的问题,《继承法》第28条规定的'遗产分割时,应当保留胎儿的继承份额……'是遗产处理的制度,法定继承、遗嘱继承、遗赠均应适用。再审申请人提出的胎儿预留份额制度是法定继承,遗嘱继承不适用胎儿预留份额的主张不成立,本院不予支持。"

保留份应设保管人。遗产保管人可以是胎儿的孕母、遗产管理人、遗嘱执行人或者其他继承人、辅助保管人等。在保管期间只可为保全行为,非为保全必要不可为处分行为。

(二) 本条不构成对遗嘱效力的限制

本条虽属于强行性规范,但仅适用于遗产分割时对胎儿遗产份额的处理,既不同于必留份的规定,也不同于遗嘱效力打破的规则,因此,不构成对遗嘱效力的限制。本条不能作为积极主张胎儿享有某种继承权的依据,也不能引用本条认定遗嘱无效。《民法典》对违反本条的法律后果没有规定。《继承法意见》规定"应当为胎儿保留的遗产份额没有保留的应从继承人所继承的遗产中扣回"。本条不针对胎儿享有继承权的原因,仅规范当胎儿享有继承权时应预留遗产份额的结果。胎儿是否具有继承人资格需要依据自然人民事权利能力的规定判断;胎儿享有何种继承权应当依据遗嘱继承或者法定继承的规定判断。当上述作为逻辑前提的判断完成后,在遗产分割时,才会适用本条为胎儿保留遗产份额。

本条是关于胎儿保留份的规定,不能理解为是对胎儿必留份的更直接的规定。本条规定的"应当保留胎儿的继承份额"与《民法典》第1141条必留份规定中的"保留必要的遗产份额"用语相似,实质上所保留的对象并不相同。必留份是对遗嘱行为的要求,必要遗产份额可能少于或多余法定应继份额,并且适用的对象是缺乏劳动能力又没有生活来源的继承人。本条为胎儿保留的继承份额称为"保留份"或"预留份",属于遗产分割时的处理方式,是对遗产分割行为的要求,不是对遗嘱行为的要求。保留份比较宽泛,既可以是法定应继份或指定应继份,也可以是必留份或特留份。最高人民法院在指导案例50号"李某、郭某阳诉郭某和、童某某继承纠纷案"裁判要点中,已经对"必留份"和"保留份"的法律依据做了区分:"如果夫妻一方所订立的遗嘱中没有为胎儿保留遗产份额,因违反《继承法》第19条规定,该部分遗嘱内容无效。分割遗产时,应当依照《继承法》第28条规定,为胎儿保留继承份额。"①

胎儿是否属于缺乏劳动能力又没有生活来源的继承人,不在本条的调整范围内,应当依据《民法典》第1141条的规定判断。胎儿缺乏劳动能力是无可否认的事实,是否有生活来源,需要以实际情况判断。如胎儿出生后有保险金、信托受益权、受赠与的财产等足以达到正常生活水平,则不当然属于"双

---

① 《继承法》第19条规定:"遗嘱应当对缺乏劳动能力又没有生活来源的继承人保留必要的遗产份额。"即必留份;《继承法》第28条规定:"遗产分割时,应当保留胎儿的继承份额。胎儿出生时是死体的,保留的份额按照法定继承办理。"即保留份。

缺乏"继承人。若无独立生活来源需要依靠他人抚养,则属于没有生活来源的继承人。

(三) 胎儿娩出时是死体的处理

依据本条第二句的规定,胎儿娩出时是死体的,保留的份额按照法定继承办理。即:保留份由被继承人的法定继承人继承,保留份之外的遗产继承不受此影响。胎儿出生后不久死亡的,因其取得过继承人资格,该保留份额发生再继承,由婴儿的法定继承人继承。

之所以死体胎儿的继承人不能继承遗产,其原理是胎儿娩出时是死体的,自始不具有民事权利能力,也就不具有继承人或被继承人的资格,胎儿的主体地位根本不曾存在。保留的遗产份额无法实现特定目的,只能重新回到法定继承中,在其他继承人中分配。本条与《民法典》第 1154 条第 5 项的遗嘱未处分的遗产适用法定继承,具有法理上的一致性。

本句适用的前提有二:其一,胎儿娩出时是死体。娩出时若有啼哭、呼吸等生命特征则不符合本前提。其二,遗嘱对此情况的遗产处理没有安排或没有遗嘱。例如,被继承人立遗嘱将 20 万元存款留给胎儿继承。胎儿娩出是死体,超出了遗嘱的预先安排,该 20 万元遗产只能由被继承人的其他继承人依据法定继承办理。如果遗嘱对胎儿娩出时是死体的情况另有安排的,依据《民法典》第 1123 条规定的遗嘱继承优先于法定继承的规则,优先适用遗嘱继承。司法实践中不可对本条第二句作孤立的理解而忽略法律条文之间的逻辑关联性。例如,被继承人立遗嘱将 20 万元存款留给胎儿继承,遗嘱中写道"若胎儿没有活着出生,该笔遗产由其配偶继承"。则适用《民法典》第 1123 条规定的"继承开始后,按照法定继承办理;有遗嘱的,按照遗嘱继承或者遗赠办理;有遗赠扶养协议的,按照协议办理。"不适用本条第二句的规定。

第一千一百五十六条　遗产分割应当有利于生产和生活需要,不损害遗产的效用。

不宜分割的遗产,可以采取折价、适当补偿或者共有等方法处理。

释　义

本条是关于遗产分割的原则和方法的规定。

一、遗产分割的法律含义

遗产分割是指按照应继份额将遗产在继承人之间进行分配的过程。其法律含义可作如下解释：

1. 遗产分割是共同继承引发的法律问题。若仅有唯一继承人单独继承，则不发生遗产分割。

2. 遗产分割是从继承权到取得独立财产权的分界线。遗产分割可以使共同继承人团体对继承标的的概括继承关系终止，形成单个权利人对具体财产的单独财产权关系。继承人基于继承权而对遗产的支配，转变为继承人基于物权、债权、知识产权、股权等财产权对具体财产的支配。至此，继承权被其他单独的财产权所接替。遗产分割后转让或放弃权利的，是对所有权等财产权的转让或抛弃，不是对继承权的抛弃或对应继份的转让。

3. 本条是对遗产分割原则和方法进行的规定。遗产分割涉及应继份的确定、对夫妻或家庭共有财产的析产、分割请求权的行使、分割方法的选择、分割的法律效果等诸多问题。应继份的确定是遗产分割的必要组成部分，是遗产分割的前提，但不适用本条，而是适用《民法典》第1130条的规定。夫妻或家庭共有财产的析产适用《民法典》第1153条的规定。分割请求权的行使和分割的法律效果于继承编未作直接规定。

4. 遗产分割是对积极财产的分割，不包括对债务等消极财产的分割。分割行为对消极财产中的权利人不发生影响。例如，如果将积极财产分配给继承人甲，将消极财产分配给继承人乙，则遗产债权人可以向甲主张权利，甲不能以遗产分割为抗辩，仍应在取得的遗产范围内承担债务。

5. 遗产分割是特殊的共同共有分割。共同继承中，遗产在分割前是共同共有状态。正如学者指出的，继承人之间并非都是同一家庭成员，因此，以继承人之间是否具有家庭关系为标准区分按份共有与共同共有是不妥的。一方面，继承法具有强行性，不允许继承人通过协商变更继承规范，故不会出现继承人之间约定遗产为按份共有或者共同共有的现象；另一方面，在不存在约定的情况下，以继承人之间的关系作为遗产共有的形态的认定方式，不仅与继承法的强行性相悖，也会使法律无法设置统一的共同继承规则。[1] 共同继承开

---

[1] 房绍坤：《论民法典继承编与物权编的立法协调》，《法学家》2019年第5期。

始时继承人并没有确定的份额,只有在分割时才需要确定应继份额,这一点符合共同共有的特征。若无特别规定,可以适用《民法典·物权编》中关于共有的法律条文。但遗产分割的特殊性决定了它与物权共有的分割也存在一定差异,不能同等对待。

二、继承编的遗产分割与物权编的共有分割存在不同规则

(一) 份额的确定方法不同

应继份的确定方法不同于共有份额的确定方法。依据《民法典》第309条,共有份额若无约定按照出资额确定;不能确定出资额的,视为等额享有。应继份额若无约定或遗嘱指定,一般应当均等,并根据尽扶养义务的情况或者是否有特殊困难等因素确定。

(二) 分割的对象不同

遗产分割的对象是由继承标的中的积极财产构成的财产集合,不限于物权;而共有的分割对象,基于一物一权原则,通常限于特定的有体物。

(三) 分割的方法不同

遗产分割时有个别继承人下落不明的,由其财产管理人代管分得的遗产。遗产分割可以用共有的方法处理,即将全体继承人依据继承权对遗产的概括共有,转变为具体继承人依据物权对特定物的共有。而对共有物权的分割不能继续保持共有。

(四) 遗产分割请求权与共同共有分割请求权规则不同

物权的共同共有人在共有的基础丧失或者有重大理由需要分割时可以请求分割。其立法目的是为了维护共同共有的基础,不轻易使共同关系消灭。而遗产的分割不受此物权规则的限制,原则上采遗产分割的自由主义,继承人可随时请求分割遗产。实证法上也多有明确规定,如《德国民法典》第2042条、《日本民法典》第907条。因为维护遗产共有及其共同继承之基础关系并非法律之目的。理论上认为,遗产分割前的共同共有仅为暂时状态而已。

遗产分割自由主义属于一般性规则,当遗嘱禁止分割、继承人之间就分割时间达成协议或者法律另有规定时,遗产分割请求权也会受到限制。遗嘱中指示在一定期间内禁止对遗产进行分割的,应依遗嘱。但若禁止分割的期间较长会影响物的效用发挥,因此各国均有限制。如德国限制在不超过30年。继承人约定不可分割的,基于契约自由应为有效。若契约自由与发挥物的效

用的经济原则发生冲突,则禁止分割的合同效力同样会被限定在一定的期限内。在法律的特别规定方面,有对于遗产债务清偿前禁止分割的规定,有对于胎儿保留份额禁止分割的规定等。例如,《德国民法典》第 2043 条规定,(1)以应继份因共同继承人之一的期待中的出生而尚不确定为限,到不确定性被除去时为止,不得分割。(2)在应继份尚未确定是因为关于申请收养、废止收养关系或认许被继承人所设立的财团为有权利能力的裁判尚未完成的限度内,亦同。第 2046 条规定,遗产债务必须先从遗产中予以清偿。遗产债务尚未到期,或它处于争议中的,对于清偿为必要的数额必须予以留置。我国《民法典·继承编》中除胎儿的保留份外,没有对分割请求权的自由与限制作出专门的规定,但在法理上可以借鉴前述国外的立法例。

三、遗产分割的原则

本条第 1 款是对遗产分割原则的规定。即:遗产分割应当有利于生产和生活需要,不损害遗产的效用。其含义是指:(1)遗产分割时要尽量将遗产分给在生产或生活上有特殊需要的继承人;(2)尽量将遗产分给能发挥更高效用的继承人;(3)尽量降低遗产分割成本;(4)尽量维护遗产分割后的使用价值和交换价值,使其不受分割的损害。

例如,配套使用的物或主物与从物尽可能分配给同一继承人。继承人之间关系和睦的,公司的股权可以按照比例分配给各继承人,以节省股权价值评估费用;但若继承人之间关系恶劣难以共事,或者分割股权会影响控股,则可以将股权以作价补偿的方式分配给其中的一个继承人,以利于将来公司的经营。在实践中,将遗产房屋判决给居住的继承人,而由该继承人对其他继承人给以金钱补偿,也是有利于生产和生活需要原则的体现。

为使遗产分割满足配偶等特殊继承人的生产生活需要,很多国家的立法在特留份制度中或单独作为一项制度,规定了配偶对遗产的法定居住权或优先使用权。如《意大利民法典》第 540 条第 2 款中规定,对于家族居住用的房屋的居住权及曾为死者所有或者与配偶共有的家具的使用权,亦由配偶享有。《葡萄牙民法典》第 2103 条-A 第 1 款规定了配偶的家庭居所居住权及家庭用具使用权,内容为"生存配偶有权于分割时取得家庭居所居住权及家庭用具之使用权,有关价值超出其继承份额及倘有之共同财产半数时,应向共同继承人作出抵偿"。我国虽无此类规定,但可以依据本条第 1 款遗产分割的原则,结合案件具体情况灵活采用类似的分割方法。

四、遗产分割的方法

遗产的分割首先应当尊重被继承人在遗嘱中的意愿。如果没有遗嘱或者遗嘱没有明确遗产的分割方法,可以由继承人之间达成遗产分割协议确定遗产的分割方法。如果不能达成协议或通过调解解决纠纷,人民法院可以依据本条确定合理的分割方法。

(一) 遗嘱中确定的分割方法优先

立遗嘱人的意愿应当受到尊重,遗嘱中有分割方法的应当首先执行。立遗嘱人也可以委托遗嘱执行人等第三人确定分割方法。《德国民法典》第2048条规定,被继承人可以以终意处分作出分割指示。被继承人还可以指示依第三人的公平裁量进行分割。如果该第三人依该项指示作出的分割显失公平,该分割方法对于继承人没有约束力;在此情形下,该规定依判决为之。我国《民法典》对遗嘱中指示的分割方法没有具体条文规定,但基于遗嘱自由原则,只要遗嘱有效,遗嘱指示的分割方法即应优先适用。

(二) 分割协议可以约定分割方法

继承人之间可以通过遗产分割协议约定分割的方法和时间。分割协议对参与订立的继承人具有效力。假设分割协议约定以抽签的方式确定遗产各部分的分配,亦无不可。《俄罗斯联邦民法典》第1165条对依照继承人的协议分割遗产规定得比较详细,值得参考借鉴。该条规定:(1)属于两个或几个继承人按份共有的遗产,可以依照继承人之间的协议进行分割。对遗产分割协议适用本法典关于法律行为的形式和合同形式的规则。(2)包含不动产的遗产分割协议,其中包括关于从遗产中分出一个或几个继承人份额的协议,可以由继承人在取得继承权证明书之后签订。继承人如对不动产权利签订了分割协议,则不动产权利的国家登记根据遗产分割协议和此前颁发的继承权证明书办理;如果在他们签订分割协议前已经进行了继承人不动产权利份额国家登记,则国家登记根据遗产分割协议进行。(3)继承人在签订协议时所进行的遗产分割与继承权证明书规定的继承人应得遗产份额不符的,不得成为拒绝对分割遗产后所得财产权利进行国家登记的理由。《民法典·继承编》对遗产分割协议没有专设法律条文,《民法典·物权编》第304条中有"共有人可以协商确定分割方式"的规定,可作为遗产分割协议的法律依据。

(三) 没有遗嘱或协议时的分割方法

如果没遗嘱或者协议,可以依据本条第 2 款以及《民法典·物权编》第 304 条第 1 款的规定,选择合理的分割方法。主要的分割方法有:(1)实物分割。遗产可以分割并且不会因分割减损价值的,应当对实物予以分割。例如,遗产是十头牛,有两个继承人时,可以每人分五头牛。如果遗产是金钱或者金钱债权,由于金钱是一般等价物,应继份的确定即可等同于分割。如继承人甲和乙诉争继承的标的物是房屋,并且已经被拆迁,无法确定其实际价值,对可获得的补偿款做份额之分割即可。(2)折价补偿。折价补偿就是将待分割的遗产价值进行评估,由取得该遗产的继承人按照应继份比例,对其他继承人进行补偿。对于不宜实物分割的遗产,如果有继承人同意取得该遗产时,可以采用折价补偿的方式。如果有两个以上的继承人愿意获得该遗产,应以有利于生产和生活需要、不损害遗产效用的原则,合理确定其中某个继承人取得。在不涉及继承人特殊需要的场合,经继承人同意,也可以采用竞价的方式,由出补偿款最多的继承人取得。补偿的方式不限于金钱补偿。根据案件情况并经利害关系人同意,一方分得遗产所有权后,可以将居住权或使用权从所有权中分离出来分配给其他继承人作为补偿。(3)变价分割。变价分割就是将遗产拍卖或者变卖取得价款,然后对价款进行分割。遗产难以实物分割或者因分割会减损价值的,如果继承人都不希望取得该项遗产时,可以采取此种分割方法。(4)确定共有。本条第 2 款规定,不宜分割的遗产,可以采取折价、适当补偿或者共有等方法处理。因分割而确定的共有是按份共有,在确定共有关系时应同时确定共有份额。分割后形成的按份共有不同于分割前基于概括继承而产生的共同共有。只有在其他方式分割均不适合时,才能适用此分割方法。例如,继承人甲、乙、丙居住的房屋是遗产,现因遗产分割发生纠纷。房屋属于不可分割物,同时,原被告均需要在该房屋居住,不适合采取折价、适当补偿的办法分割,人民法院判决继承人按份共有较为适宜。国外也有类似的立法例。如《法国民法典》第 817 条中规定,"如有必要,也可以就公司权益提出维持共有的请求。""即使上述企业里包含有继承人或者健在配偶在继承开始之前就已经是所有权人或共同所有权人的财产,仍可维持共有。"第 821-1 条规定:"对于在被继承人死亡时由其本人或其配偶实际用于居住或从事职业的场所的所有权,应相同的人的请求并且按照法院确定的条件,也可以维持共有。居住场所内配备的动产物品或者用于从事实业的动产物品,亦同。"

五、遗产分割的效力

遗产分割的效力概言之就是使概括继承之共同共有关系消灭,继承人对遗产单独的财产权得以产生。其中涉及诸多具体问题,需要法律调整。如依遗产分割取得权利的要件、分割的效力是否溯及至继承开始、分割在继承人之间产生何种效力、分割对债权人产生何种效力等。《民法典·继承编》对此未作规定,物权编仅有个别规定。遗产分割的效力不仅是重要的理论问题也是实践问题,因此有必要加以明确。

(一) 遗产分割后取得单独财产权的要件

依据《民法典·物权编》第 230 条规定"因继承取得物权的,自继承开始时发生效力。"但该条所谓取得物权是指继承开始时因概括继承而取得物权,还是因遗产分割而取得物权,不甚明确。由于各国立法对遗产分割是否具有溯及效力有专条规定,所以该条应理解为是针对概括继承取得物权的规定才符合立法本意。依据该条规定,继承开始后遗产上的权利瞬间转为继承人概括继受,即所谓瞬间转化说。因瞬间转化而取得的财产权中有无须公示的,如债权;也有需登记公示的,如不动产物权。前者因分割即取得单独权利,后者还需考虑物权取得与公示间的关系问题。瞬间转化意味着概括继承取得物权无须公示,以防止遗产出现权利真空。依据《民法典》第 232 条,物权未经登记不得处分,足见其权利效力并不完全。遗产分割即包含对此种效力不完全物权的分割。遗产分割协议属于法律行为,依据分割协议取得遗产物权的继承人,是因法律行为而取得物权,办理登记后才能取得独立的物权。若因继承纠纷而有遗产分割的判决,则依据《民法典》第 229 条之规定,自法律文书生效时取得独立物权,并于登记后具备完全的效力。

(二) 遗产分割的效力溯及至继承开始之时

遗产分割的效力是否溯及既往,有移转主义和宣言主义之分。[①] 移转主义也有译为创设主义,认为遗产分割为一种交换,各继承人因分割而互相让与各自的应有部分,取得分配给自己的财产的单独所有权。换言之,遗产分割具有转移的效力或创设的效力,而不应溯及既往。罗马法、德国法、瑞士法采此主义。宣言主义或译为宣示主义或认定主义,认为因遗产分割而分配给继承

[①]　参见[日]中川善之助、泉久雄:《继承法》,有斐阁 1974 年版,第 298 页。

人的财产视为继承开始时业已归属各继承人单独所有,遗产分割不过是宣告已有的状态而已。因此遗产分割的效力应溯及至继承开始时。① 日耳曼法、法国法、日本法等采此主张。我国《民法典》对此没有明确。有学者认为,分割效力与物权变动模式密切相关,形式主义与创设主义、意思主义与认定主义具有内在的联系性。我国物权变动模式上采取债权形式主义,与此相适应,分割效力宜采取创设主义。②

　　两种立法例其实各有优劣,可从逻辑体系与法律功能上进行分析。移转主义虽然没有登记和查询共同共有发生原因的麻烦,但不利于与继承人夫妻共同财产制相协调。具体言之,如果采宣言主义,取得单独所有权的时间比登记的时间早,追溯至继承开始,这就需要调查该物权是不是因为继承而产生的,继承是在何时发生的,一定程度上增加信息成本。移转主义不溯及既往,无此麻烦。移转主义在功能上的缺陷是由于分割的效力不溯及至继承开始之时,导致分割较晚的遗产成为夫妻共同财产,从而与实践的立场不一致。例如,甲于继承开始而共同继承房屋后结婚,又于婚后分割了遗产,则按照宣言主义,分割效力溯及至继承开始时,属于婚前个人财产。按照移转主义,则属于夫妻关系存续期间取得的共有财产。因分割时间的偶然性而使业已继承的遗产转变法律属性,不利于继承人利益的保护。再如,甲于继承开始后与其他继承人共同继承牛、马、羊后,瞒着其他继承人自行将牛出质知情的第三人。遗产分割时甲分得该牛,因甲溯及至继承开始而享有牛的所有权,以牛出质行为的瑕疵得以补正,为有权处分。移转主义则无此功能。就体系的一贯性而言,宣言主义仅在通常的物权共有中与形式主义不具有一致性。因为物权的共有与单独所有均以公示为要件。但概括继承之遗产共有的产生不以登记公示为必要,这恰恰是遗产分割的特殊性。继承开始后遗产分割前,被继承人已经不具有权利主体资格,但遗产仍登记在其名下,公示的虚像已不能反映物权实像,物权变动已然与公示发生脱离。此段时间短则数月多则数年,遗产分割的效力覆盖此段时间,不但与公示原则没有冲突,反而使这段时间的物权状态得以确定。可见,在继承关系中物权变动特殊性的背景下,遗产分割采宣言主义并不与我国物权变动的形式主义立场发生体系性的逻辑冲突,还有功能上

---

① 参见郭明瑞、张平华:《海峡两岸继承法比较研究》,《当代法学》2004 年第 3 期。
② 参见房绍坤:《论民法典继承编与物权编的立法协调》,《法学家》2019 年第 5 期。

的益处。因此我国在法解释学上应采宣言主义,即:遗产分割溯及至继承开始时发生效力,但不得损害第三人的利益。

(三) 遗产分割对继承人的效力

依据《民法典·物权编》第304条第2款的规定,"共有人分割所得的不动产或者动产有瑕疵的,其他共有人应当分担损失。"该条是对分割后的瑕疵担保责任的规定,也适用于遗产分割的情形。

共同继承人因遗产分割产生的相互瑕疵担保责任在各国继承法中几乎都有规定。如《日本民法典》第909条;《韩国民法典》第1012条;《葡萄牙民法典》第2119条。

遗产分割对其他继承人负瑕疵担保责任,主要是为保护继承人的利益,防止由于分得遗产有瑕疵而在分割遗产后导致实质上的不公平。继承人的瑕疵担保责任与出卖人的瑕疵担保责任相同,但在实现方式上略有不同,即继承人瑕疵担保责任的实现,可以采用重新分割遗产或者请求补偿的方式。

继承人间的瑕疵担保责任主要包括两个方面:其一,各继承人以其所得遗产的价值为限,对其他继承人分得的遗产,按继承比例承担与出卖人相同的瑕疵担保责任。例如,如果甲、乙、丙三位继承人分别继承了一头牛。其中,甲继承的牛后来发现有疾病,乙和丙就甲分得有瑕疵之牛价值降低部分承担分担损失的担保责任。该责任的性质不属于损害赔偿而属于瑕疵担保。其二,继承人以其所得遗产的价值为限,对其他继承人因分割所得债权,按继承比例对债务人在遗产分割时的清偿能力承担担保责任。例如,继承人甲分得价值100万元的房产,继承人乙分得100万元的债权。但是,由于债务人在遗产分割时的清偿能力就不足,导致乙只获得60万元的清偿。对于40万元未获清偿的部分,甲按照各自50%的比例,分担20万元的损失。前项债权如未届清偿期或者附有停止条件的,则各继承人应就清偿时债务人的支付能力负担保责任。

(四) 遗产分割对债权人的效力

由于我国立法上采当然的限定继承,遗产已被分割而有未清偿债务的,继承人对遗产债务以分得遗产的价值为限负分别清偿责任。如有法定继承又有遗嘱继承和遗赠的,首先由法定继承人以其所得遗产清偿债务;不足清偿时,剩余的债务由遗嘱继承人和受遗赠人按比例以所得遗产偿还,其性质属于补充清偿责任。如果只有遗嘱继承和遗赠的,由遗嘱继承人和受遗赠人按比例以所得遗产偿还。其法律依据为《民法典》第 1163 条。该条并没有直接禁止继承人在清偿遗产债务前分割遗产,也没有规定遗产分割后继承人对未清偿的债务承担连带责任,而仍以分得遗产价值为限承担责任,并未体现出侧重保护债权人,加重继承人清偿责任的立场。

第一千一百五十七条 夫妻一方死亡后另一方再婚的,有权处分所继承的财产,任何组织或者个人不得干涉。

释 义

本条是关于再婚配偶所继承遗产的处分权不受他人干涉的规定。

配偶在我国法律中是第一顺序继承人。可以享有法定继承权或者遗嘱继承权。配偶的继承期待权因结婚而发生。婚姻关系存续期间一方死亡的,生存配偶取得继承既得权。配偶若不以书面形式放弃继承权,则其继承遗产的权利应受法律保护。继承开始后无论遗产是否已经分割,配偶均可基于继承权而取得遗产,并有权处分继承的财产。此权利不受配偶是否再婚的影响。因为再婚作为一个法律事实是新的婚姻关系产生的原因,不是已经发生的继承关系终止的法律原因。

本条包含以下两层含义:其一,配偶无论再婚与否,其基于法定继承或遗嘱继承之继承权的行使不受任何人的干涉。其二,配偶请求分割遗产的权利和处分所继承的财产的权利不因再婚而受干涉。“任何组织或者个人”不仅包括其他继承人,也包括继承人之外的其他自然人、法人或非法人组织。如房屋登记机关不得以再婚为由不为配偶继承的遗产办理登记。继承开始时已经离婚的配偶不适用本条的规定。

本条体现了个人本位的立法思想。家族成员不可以基于维护家族财产的理由,干涉配偶独立行使民事权利。在宗族本位的社会中,于立法上专门规定再婚配偶的继承权不受干涉的条文,具有宣示立法精神的现实意义。《越南民法典》第 680 条关于夫妻在已分割共有财产、正在申请离婚、已与他人结婚之情形的继承关系的规定,与本条具有相同的立法趣旨。该条内容为:“夫妻在婚姻关系存续期间已分割共有财产的,当一方死亡时,另一方仍有权继承遗产。”“若夫妻已提起离婚之诉,但离婚尚未得到法院的有效判决或裁决的许可,则当一方死亡时,另一方仍有权继承遗产。""夫妻关系存续期间一方死亡时,另一方即使随后与他人结婚,仍有权继承遗产。"

若立遗嘱人在遗嘱中指定配偶继承遗产,但在继承开始前已经与配偶离婚而遗嘱却未销毁的,遗嘱效力如何认定是一个问题。除非立遗嘱人有即使离婚也将遗产遗赠给原配偶的真实意思,否则构成遗嘱效力的打破,已离婚的配偶不能依据该遗嘱而继承遗产。遗嘱效力打破的理论基础是因立遗嘱人存在错误认知或者因情事变化而使遗嘱过时,遗嘱若有效力实际违背立遗嘱人的意思。判断是否构成遗嘱效力的打破,需要考量以下因素:立遗嘱人是否知情;立遗嘱人是否有足够的时间或机会慎重地修改或重新立遗嘱;是否有维持此遗嘱效力的真实意图。[1] 遗嘱效力的打破虽在我国立法上没有规定,但法理上承认其存在。

第一千一百五十八条 自然人可以与继承人以外的组织或者个人签订遗赠扶养协议。按照协议,该组织或者个人承担该自然人生养死葬的义务,享有受遗赠的权利。

释 义

本条是关于遗赠扶养协议的规定。

一、遗赠扶养协议的概念

遗赠扶养协议是指被扶养人与扶养人签订的、由扶养人承担对被扶养人生养死葬的义务,被扶养人将个人合法财产遗赠给扶养人的协议。遗赠扶养协议是我国《继承法》中的特有制度,是在我国"五保"制度的基础上逐渐形成和发展出来的。在社会保障不够充分的情况下,遗赠扶养协议起到了必要的补充作用,对于老年人的赡养具有重要的意义。遗赠扶养协议的本质,是将扶养与遗赠通过对价关系加以结合的一种合同安排,与德国法上的继承契约制度十分相似。遗赠扶养协议中的扶养义务部分属于生前债务,遗赠部分则属于死因处分。两者结合于一个合同之中,具有多重属性,既非单纯的债权合

---

[1] 参见李贝:《胎儿继承权利保护规则的反思与重构》,《法治研究》2019 年第 4 期。

同,也非单纯的死因处分合同,理论上归为继承法上特别规定的合同,区别于《合同法》上的债权合同。

二、遗赠扶养协议的特征

遗赠扶养协议不同于遗赠,具有以下特征:

(一) 遗赠扶养协议是有相对人的双方法律行为

遗赠扶养协议是由扶养人和被扶养人作为当事人所完成的双方法律行为。订立协议的意思表示需要向对方作出,且需要双方达成合意,法律行为才能成立。遗赠则属于单方法律行为,遗赠的意思表示属于没有相对人的意思表示,遗赠的成立不需要向受遗赠人作出意思表示。

(二) 遗赠扶养协议是双务、有偿、诺成合同

遗赠扶养协议是以合同的形式成立的双方法律行为。协议当事人需要有完全行为能力。双方意思表示一致即可成立遗赠扶养协议,无须交付标的物,因此属于诺成行为。双方互享权利,互负义务,属于双务行为。双方的权利义务具有对待给付的性质,彼此的义务互为代价,属于有偿行为。我国法律没有对遗赠扶养协议是否采取书面形式或公证形式作出特殊要求,属于不要式合同。不过,由于遗赠扶养协议作为继续性合同履行期间一般较长,采取书面形式有助于明确双方当事人的权利义务关系,仍推荐采用书面形式订立。虽然未订立书面协议,但能证明有口头遗赠扶养协议,实际已经履行了生养死葬义务的,遗赠扶养协议也可成立。遗赠扶养协议成立后生效,被扶养人死亡时,扶养人没有必要再作出接受遗赠的意思表示。遗赠则属于以遗嘱的形式完成的单方法律行为,立遗嘱人须有完全民事行为能力,而受遗赠人没有行为能力上的要求。就遗嘱而言属于要式行为,但不具有双务、有偿、诺成等合同的属性。继承开始后受遗赠人需要作出接受遗赠的意思表示。

(三) 遗赠扶养协议的内容是扶养与遗赠的结合

遗赠扶养协议的一方当事人为被扶养人,在享有约定的扶养利益的同时,其需要在协议中做出关于遗赠的明确表示,因此,被扶养人同时是遗赠人。扶养人承担生养死葬义务的同时,享有在被扶养人死亡后受遗赠的权利,所以扶养人同时是受遗赠人。扶养人必须是继承人以外的人,这是因为我国继承制度是将法定继承人以外的人通过遗嘱获得遗产定义为受遗赠,因此,遗赠扶养协议的扶养人只能是继承人以外的人。若继承人作为扶养人签订协议则称为

继承扶养协议,与遗赠扶养协议并不等同。《民法典·继承编》将遗赠扶养协议的扶养人规定为"继承人以外的组织或者个人",有扩大扶养人范围、以利于养老的立法目的。扶养人可以是自然人,也可以是集体经济组织、承担养老职能的法人或社会组织等。扶养义务的履行,包括被扶养人生存时的供养,也包括死亡后的安葬。供养方式可以是给付扶养费定期金,也可以是提供日常生活劳务、照顾陪伴。遗赠除通常的移转遗产所有权外,也不排除设定居住权等用益物权。

(四) 遗赠扶养协议于协议成立时起生效

遗赠扶养协议的生效时间与遗赠不同,不需要遗赠人死亡,而是于协议成立时生效。遗赠扶养协议作为一个法律行为整体,其生效的时间也是统一的。不能将扶养协议和遗赠割裂成两个法律行为。虽然扶养协议是生前行为,遗赠是死因行为,但生前行为和死因行为通过合同发生结合后,其统一为一个合同行为,对生效时间也必须统一评价。即遗赠扶养协议于协议成立时起生效,扶养部分的合同义务于被扶养人生前履行,死葬与遗赠部分的合同义务于被扶养人死亡后履行。

遗赠扶养协议中的遗赠不同于通过遗嘱的遗赠。在遗赠扶养协议中,原则上被扶养人必须明确作出遗赠的意思表示,而不是负担将来设立遗嘱进行遗赠的义务。该义务因违反遗嘱自由原则而无效。但在实践中,被扶养人已经立遗嘱将遗产遗赠给扶养人的,也按照遗赠扶养协议对待,即该遗嘱作为遗赠扶养协议履行行为的一部分,效力优先于其他遗赠或遗嘱继承。遗赠扶养协议的受遗赠人是基于协议约定的受遗赠人,不是基于遗嘱的受遗赠人,因此,不排除协议约定由扶养人指定的第三人受遗赠的情况,即遗赠扶养协议可以约定由第三人作为受遗赠人。

三、遗赠扶养协议的法律效力

遗赠扶养协议的效力优先于遗嘱继承和遗赠,这与德国继承契约效力优先原则原理相同。我国立法也有专门的规定。《民法典》第 1123 条规定,继承开始后,按照法定继承办理;有遗嘱的,按照遗嘱继承或者遗赠办理;有遗赠扶养协议的,按照协议办理。

若遗赠扶养协议的扶养人先于被扶养人死亡,生养死葬的义务以及遗赠均无法完成,则遗赠扶养协议因缺乏一方当事人且目的无法实现,基于专属性而无法被继承,因此效力消灭。我国法律对此没有具体的规定,参考《瑞士民法典》第515条继承契约的相关规定,被扶养人在扶养人死亡时,对于因遗赠扶养协议所得的利益,可以由扶养人的继承人请求返还,但另有约定的除外。

遗赠扶养协议并不能排除或限制被扶养人生前处分自己财产的权利。例如,甲作为被扶养人与乙签订遗赠扶养协议,约定甲死亡后将全部遗产概括遗赠给乙,则甲在生前仍有权利处分自己的个人财产。在德国的继承契约制度中,也采继承契约不限制生前处分的规则。进而言之,因被扶养人生前行为所负担之债务,应在受遗赠人取得遗产之前清偿。可见,遗赠扶养协议虽优先于遗嘱继承或遗赠,但仍属于继承开始后获得的遗产取得权,不能对抗遗产债权。因为,如果被继承人生前所负债务产生于扶养协议之前,构成扶养协议的基础情事,扶养人应当在签订协议之时即对被扶养人未来可能的遗产数额作出判断。如果被继承人生前所负债务产生于订立扶养协议之后,被扶养人承诺遗赠的财产,无论是概括遗赠还是特定遗赠,只在死后才发生移转的效力,生前的债务仍以该财产作为一般担保财产。而且,被扶养人生前负担债务多半事出有因,医疗、扶养费不充足等都可能产生负债,甚至是债权人负担了扶养人本该尽义务的部分。即使负债是由于被扶养人奢侈生活、恶意赠与等行为造成的,若被扶养人的该生前处分行为影响了扶养人的受遗赠的权利,构成违约,扶养人仍有解除协议、行使撤销权、请求被扶养人承担违约责任等救济手段。

遗赠扶养协议可双方协议解除,也可一方要求解除。协议解除后,应本着权利和义务一致原则及互谅互让、和睦团结的原则,妥善处理当事人之间的权利和义务关系,确保老年人权益的有效保障。扶养人丧失扶养能力的,被扶养人或扶养人可以单方解除遗赠扶养协议。被扶养人应当偿还扶养人已支付的扶养费用。

遗赠扶养协议生效后,扶养人无正当理由不履行的,被扶养人可以解除遗赠扶养协议,继承开始后,被扶养人的继承人和利害关系人也可以主张解除遗赠扶养协议。因不履行致协议被解除的,扶养人不能享有受遗赠的权利,其支付的扶养费用不予补偿,并赔偿所造成的损失。被扶养人无正当理由不履行遗赠扶养协议中的义务,致使扶养人获得遗赠的目的不能实现的,扶养人可以解除遗赠扶养协议。被扶养人应当偿还扶养人已支付的扶养费用,并赔偿所造成的损失。

四、关于继承扶养协议

继承扶养协议是被继承人与继承人之间订立的,由继承人承担比法定扶养义务更高的扶养义务,并继承约定遗产的协议。继承扶养协议是以合同的形式解决被继承人生养死葬和死后遗产在多个继承人之间如何继承的问题。社会生活中,有多个子女却只有个别子女尽扶养义务的情况并不罕见。被扶养人可于生前以合同的形式而非遗嘱,将遗产留给尽义务的扶养人继承。违反继承扶养协议的继承人,除符合丧失继承权的条件外,仍享有法定继承权。

我国法律中没有德国、瑞士等国的继承契约制度,若仅规定遗赠扶养协议而不规定继承扶养协议,将不符合我国现实生活的需要。一方面,在我国亲属法上并非所有的法定继承人都负有扶养义务;另一方面,《民法典·继承编》将兄弟姐妹的子女也规定为法定继承人,进一步扩大了无扶养义务法定继承人的范围,这就压缩了被扶养人与继承人以外的人签订遗赠扶养协议的空间。结合我国老龄化社会的发展趋势,为有助于老年人的养老,结合中华民族赡老扶弱的传统,应当允许被继承人和继承人之间签订继承扶养协议,该继承扶养协议可以包括生养死葬及当事人约定的其他义务。这体现了对遗赠扶养协议立法传统的沿袭和突破。继承扶养协议本应属于继承法调整的合同,但由于我国《民法典·继承编》未作规定,则依据契约自由原则之精神,我国法律并不禁止成立继承扶养协议,应认可其效力。

继承扶养协议与遗赠扶养协议的区别在于:继承扶养协议的扶养人为法定继承人,只限于自然人。遗赠扶养协议的扶养人为法定继承人以外的人,可以包括法人或非法人组织。继承扶养协议的扶养人有的具有法定扶养义务,而遗赠扶养协议的扶养人不具有法定扶养义务。继承扶养协议的扶养人于继承开始后承担继承人的义务。遗赠扶养协议的受遗赠人不承担继承人的义务。继承扶养协议的继承人在继承开始后是概括继承人,对遗产享有支配权。遗赠扶养协议的受遗赠人在继承开始后是债权人。继承扶养协议的扶养人兼具协议继承人和法定继承人的双重身份,可成为遗产管理人。遗赠扶养协议的扶养人通常不是遗产管理人。

第一千一百五十九条 分割遗产,应当清偿被继承人依法应当缴纳的税款和债务;但是,应当为缺乏劳动能力又没有生活来源的继承人保留必要的遗产。

释 义

本条是关于遗产债务清偿和双缺乏继承人必留份的规定。

本条基本沿袭了《继承法》以及《继承法意见》中的规则。原条文中的"继承遗产"修订为"分割遗产",从而明确了继承人缴纳税款和清偿债务的时间节点。本条不仅强调了继承人在分割财产时负有清偿税款和遗产债务的义务,增强对遗产债权人的保护,而且附加但书,规定了"双缺乏继承人"的继承权有对抗遗产债权和税款的效力,以实现债权利益和生存利益冲突的调和。本条将原法律条文中"保留适当遗产"修改为"保留必要的遗产",与必留份额保持一致。

一、遗产债务的范围

广义之遗产债务,涵盖以遗产为责任财产的全部债务。既包括被继承人生前所负债务、应缴纳的税款,又包括因继承开始而产生的继承费用、遗赠、遗产酌分之债、死因赠与等。《德国民法典》第 1967 条采广义遗产债务的概念。狭义之遗产债务,仅限于被继承人生前所负担的财产性债务。《日本民法典》第 927 条采狭义遗产债务的概念。同时,《日本民法典》第 306 条、第 309 条在遗产债务之外,将丧葬费用规定为对被继承人或其扶养人的先取特权。

本条究竟以广义还是狭义使用遗产债务的概念,须以我国法律体系为背景解释。结合《民法典·继承编》其他条文之体系解释,第 1162 条、第 1163 条均将遗产债务与遗赠并列表达,足见本法系采狭义遗产债务的概念。尤其遗嘱继承与遗赠对必留份之确保另有规定,本条"保留必要的遗产"仅在对抗狭义遗产债权层面上才有专门规范的意义。

被继承人应缴税款具有公法属性,而有别于私法属性之遗产债务。故本条将税款和债务并列表述也很严谨。由于遗产税是继承人所负担之债务,故不包括于本条应缴税款之中。

关于继承费用可否适用本条的问题。继承费用是为继承利害关系人全体的利益,而于继承开始后发生的遗产管理、遗产分割、遗嘱执行等方面的费用,具有共益费用之性质。各国立法通常将继承费用于遗产债务之外专门规定，而我国立法没有设此条文，且继承费用在原理上优先于遗产债权，因此，应当在遗产分割时先行清偿。为防止法律漏洞，可准用本条的规定。

被继承人的丧葬费用是否属于遗产债务，我国立法没有规定。若该费用的支出系基于扶养义务人负担的生养死葬义务，则不属于遗产债务。如果被继承人的死亡是由于事故或侵权行为所致，则责任主体须承担丧葬费用，也不属于遗产债务。若丧葬费用的支出者没有扶养义务，而被继承人又没有其他安葬义务人，则该费用属继承费用应当由遗产承担。

二、遗产债务清偿的时间限制

在继承人承担无限责任的概括继承中，税款与遗产债务的清偿以继承人的全部责任财产为一般担保，并不需要对清偿时间作出特殊的规定。但在我国当然的限定继承立法模式中，若不规定遗产债务的清偿时间，则使债权人公平受偿利益缺乏保障。在采限定继承的立法例中，通常需要提交遗产清册，并发出催告申报债权的公告。在债权申报期间内，不得对任何遗产债务进行清偿。我国立法没有规定对债权公示催告的强制性程序，因此，原则上没有禁止对债务和税款进行清偿的时间限制。由于我国《民法典》第1147条规定遗产管理人应当履行清理遗产并制作遗产清单的职责，而遗产清单是按法定顺序清偿遗产债务的必不可少的依据，因此，通常情况下遗产债务的清偿需在遗产清单做成之后。继承人或遗产管理人须以善良管理人的注意，确保有优先效力的债权首先获得清偿，并在普通债权清偿之后，执行遗赠和遗嘱继承。如果没有遗产清单即清偿债务导致优先债权无法得到清偿，或相同效力的债权不能公平受偿，可以构成重大过失。因故意或者重大过失造成继承人、受遗赠人、债权人损害的，应当承担民事责任。因此，我国实际上是采用加重遗产管理人或继承人责任的方式，省去公示催告和清算程序。为平衡继承人或遗产管理人的利益与职责，本条应解释为在作出遗产清单的合理期限届满前，有权拒绝对遗产债务的清偿。

三、遗产分割与债务清偿的关系

依据本条文义解释，继承人得分割遗产的前提，是已经清偿了被继承人依法应当缴纳的税款和债务。若被继承人所欠税款和债务未清偿完毕，则不可自由分割遗产。但该条并没有规定债务清偿完毕前分割遗产的法律后果,反而在其后的第1163条中规定了遗产分割后债务清偿的顺序,显然,立法上并没有禁止债务清偿前的遗产分割行为。在没有明确规定具体可操作的遗产清算程序的前提下,禁止债务清偿前的遗产分割,实践中也很难执行。因此,本条虽以"应当"表明继承人清偿税款和债务是义务,但在遗产分割前清偿的要求仍属于倡导性规范,而非强制性规范。

四、为双缺乏继承人保留必要的遗产

双缺乏继承人是指缺乏劳动能力又没有生活来源的继承人。基于生存利益优先的价值取向,其继承权受特殊保护。在遗嘱处分时,应为双缺乏继承人保留必留份;在确定法定应继份时,要给予照顾;在遗产债务清偿时,也要为双缺乏继承人保留必要的遗产。但"双缺乏"继承人不包括未取得继承既得权的后顺序继承人。

第一千一百六十条 无人继承又无人受遗赠的遗产,归国家所有,用于公益事业;死者生前是集体所有制组织成员的,归所在集体所有制组织所有。

释 义

本条是关于无人继承又无人受遗赠的遗产归属的规定。

一、无人继承又无人受遗赠遗产的含义

无人继承又无人受遗赠的遗产是指遗产无人继承而且也没有受遗赠人的情形。作为归国家或者集体所有制组织所有的前提条件,其应限缩解释为无人继承又无人受遗赠,且履行被继承人的财产义务后,无债务负担的剩余遗产。无人继承又无人受遗赠遗产,是从我国《继承法》上沿袭下来的习惯表述方式。由于继承和受遗赠的法律性质不同,继承体现遗产之归属,受遗赠体现遗产之债务,因此,将两者并列作为确认无主遗产的构成要件,并不严谨。此种表述还忽略了遗赠之外的遗产酌分请求权以及遗产债务的存在。归国家或集体组织所有的遗产,应指无人继承并经清算清偿后的剩余遗产,且仅限于积

极财产。在"当然继承主义"立法中使用"无人继承的遗产"的用语比较准确；在"承认继承主义"立法中使用"无人承认的遗产"比较准确。我国采当然继承主义，且以是否具有法定继承人身份的标准，区分遗嘱继承和遗赠，存在全部概括受遗赠人，而全部概括受遗赠人视为遗嘱继承人是通常之法理。因此，在我国使用"无人继承又无人概括受遗赠的遗产"方为准确。至于最终得归属于国家或集体组织的遗产，学理上通常称为剩余财产，即经过清算并清偿各种遗产债务和应缴税款后，剩余的无人继承的遗产。

二、无人继承又无人受遗赠遗产的发生原因

无人继承又无人受遗赠的遗产通常因以下原因而发生：（1）既不存在法定继承人，也无遗嘱继承人，更无全部概括受遗赠人。如果有部分概括受遗赠人或特定受遗赠人而无继承人的，执行遗赠之外的遗产仍属无人继承的遗产。（2）继承人或受遗赠人中的任何人均丧失继承权或受遗赠权。（3）全部法定继承人均被遗嘱排除继承，又没有全部概括受遗赠人的。（4）全部继承人或受遗赠人均放弃继承或放弃受遗赠。

三、无人继承遗产的性质

无人继承遗产的性质，有五种立法例。第一种为国库继承主义，以德国、法国、瑞士为代表，国库为最后顺序的继承人，所以不存在无人继承的遗产。遗产管理人是该继承人的法定代理人。第二种为财团法人主义，以日本为代表，将无人承认的遗产财团视为法人，遗产管理人为法定代表人。第三种为法定遗产信托主义，以英国为代表，遗产管理人为遗产财产的信托的所有人。第四种为目的财产主义，遗产管理人是以固有的地位，完成管理、清算、移交遗产的法定任务。第五种为无主财产继承主义，以俄罗斯为代表，《俄罗斯联邦民法典》第1137条中规定，若发生无人继承等情形时，死亡人的财产被认为是无主财产。无主财产按法定继承程序归俄罗斯联邦所有。

我国在《继承法》时期，并无遗产管理人制度，无人继承的遗产被视为"绝户产"，属于无主财产的一种，适用《民事诉讼法》上的认定财产无主程序。并无独立的寻找继承人以及遗产清算公告程序，当归入无主财产主义立法例。《民法典》设遗产管理人制度后，专门对无人继承遗产的管理人作出规定，即"没有继承人或者继承人均放弃继承的，由被继承人生前住所地

的民政部门或者村民委员会担任遗产管理人"。结合遗产管理人的法定职责,可以认为我国在无人继承遗产的性质上发生了转型,已经更接近目的财产主义。

四、无人继承遗产的认定

无人继承遗产认定程序的开启,需要区分不同情况。

(一) 直接认定的情形

继承人范围明确,没有其他未知继承人存在的,全体继承人丧失、放弃继承权,又无概括受遗赠人或其放弃、丧失受遗赠权的,可以马上确定此遗产无人继承。《巴西民法典》第 1823 条就有此等规定。此种情况可以省去寻找继承人公告的时间和程序成本。有关人员、组织可以将无人继承的遗产的情况及时通知被继承人生前住所地的民政部门或村民委员会,民政部门或村民委员会在接到通知后,应作为遗产管理人及时选派工作人员接管遗产并进行清算、清偿等相关处理。

(二) 通过公告程序认定的情形

继承开始后,有无继承人不明时,需要经过公告程序进行催告,该程序完成后,若无继承人承认继承,始可认定无人继承遗产。须注意者有二:其一,有无继承人不明不同于继承人下落不明。若继承人下落不明,需要为其确定财产代管人。在遗产继承纠纷案件中若遇到个别继承人下落不明的情形,法院通常将其应继遗产判由其他继承人代为管理,而不能直接认定为无人继承遗产。其二,继承开始后至寻找继承人公告期满这段期间,遗产之占有人负有临时保管的义务。被继承人生前住所地的民政部门或村民委员会仍应担任过渡性的遗产管理人。若公告期满后有继承人承认继承,则向其移交遗产管理权;若期满后确定无人继承,则该民政部门或村民委员会继续承担遗产管理人的职责。

在无人继承遗产的处理过程中,寻找继承人的公告和对受遗赠人与被继承人的债权人申报债权的公告,是两类不同性质的公告程序。民政部门或村民委员会担任遗产管理人后,为确定是否有继承人,须向人民法院申请寻找继承人公告。同时,根据制作遗产清单和清算的需要,可以在合适的媒介上发出限期申报债权的公告。

由于我国法律没有对以上两类公告程序作出规定,在司法实践中,寻找继承人公告是借用民事诉讼中的"认定财产无主案件"程序来完成的。依据《民事诉讼法》第 191 条至第 193 条的规定,申请认定财产无主,由自然人、法人或者其他组织向财产所在地基层人民法院提出。人民法院受理申请后,经审查核实,应当发出财产认领公告。公告满一年无人认领的,判决认定财产无主,收归国家或者集体所有。在民法典之前审理的案件中,被继承人死亡后,申请认定财产无主的申请人多为继承人之外的与取得遗产有利害关系的人,如遗产酌分请求权人、履行了五保义务但未签订遗赠扶养协议的集体经济组织等。民法典规定遗产管理人制度后,利害关系人可以直接向遗产管理人主张权利,而由遗产管理人作为申请人申请认定财产无主。如果继承开始后一直没有确定遗产管理人的,利害关系人可以选择依据《民法典》第 1146 条向人民法院申请指定遗产管理人,也可以依据《民事诉讼法》认定财产无主的程序,提出请求。

限期申报债权的公告应根据需要依合理程序而作出。由于我国不存在遗产财团破产的规则,因此,即使在公告要求的期限内未申报,仍可就剩余财产请求清偿。

五、无人继承遗产的清算与剩余遗产的归属

遗产管理人负有清理遗产并制作遗产清单、采取必要措施防止遗产毁损灭失、处理被继承人的债权债务、按照法律规定分割遗产等职责。

被继承人的债权人对无人继承遗产的遗产管理人可否行使债权人代位权,是实践中的问题。由于遗产管理人负有采取措施防止遗产毁损灭失的义务,债权人可以申请遗产管理人向第三人(次债务人)主张权利。遗产管理人有责任及时主张权利而怠于主张权利的,债权人可以选择行使债权人代位权,也可以选择依据《民法典》第 1148 条请求遗产管理人承担民事责任。司法实践中有判决认为"被代位人死亡则不成立债权人代位权"的观点,该观点仅考虑被代位的债务人死亡时其原先怠于行使权利的消极状态终止,未考虑遗产管理人怠于行使权利的消极状态可能延续,因此不够全面。总之,遗产管理人的选任不构成被继承人的债权人丧失代位权的法定事由。

遗产管理人应当根据债权债务的情况,制定遗产分配方案,并据此清偿遗产上的各种费用、遗产债务、酌分请求权、交付遗赠物。如有剩余财产,则根据被继承人生前的成员身份分别处理。如果死者非集体所有制组织成员,剩余

遗产归国家所有。民法典明确规定了此类无人继承遗产的用途必须用于公益事业。如果死者生前是集体所有制组织的成员,剩余遗产归所在集体所有制组织所有。如果无人继承的遗产于被继承人生前处于与他人共有状态,国有化后不利于权利行使的,也可以根据实际情况而由其他共有人取得。例如,《中华人民共和国著作权法实施条例》第 14 条规定,合作作者之一死亡后,其对合作作品享有的《著作权法》第 10 条第 1 款第 5 项至第 17 项规定的权利无人继承又无人受遗赠的,由其他合作作者享有。再如,海域使用权人死亡且无人继承的,依据《海域使用权登记办法》的规定,登记机关直接办理注销登记消灭海域使用权,并不归死者所在集体所有制组织所有。

遗产处理结束后如果有继承人出现,可否主张继承剩余遗产,立法与学说并无通例。《德国民法典》第 1965 条第 2 项、《日本民法典》第 958 条之二的规定是继承人于公告期满后主张继承的,不得行使其权利。我国《民事诉讼法》第 193 条规定:"判决认定财产无主后,原财产所有人或者继承人出现,在诉讼时效期间内可以对财产提出请求,人民法院审查属实后,应当作出新判决,撤销原判决。"继承人可据此判决而向剩余遗产的取得部门或集体组织请求继承遗产。

第一千一百六十一条　继承人以所得遗产实际价值为限清偿被继承人依法应当缴纳的税款和债务。超过遗产实际价值部分,继承人自愿偿还的不在此限。

继承人放弃继承的,对被继承人依法应当缴纳的税款和债务可以不负清偿责任。

释　义

本条是关于限定继承的规定。

一、《民法典》采"当然限定继承主义"立法

所谓限定继承是指继承人以所继承遗产的价值为限,对遗产债务的清偿承担有限责任。超过遗产价值的遗产债务,继承人没有以个人固有财产清偿的义务。继承人对遗产债务承担何种责任,各国有不同立法例。德国为当然

的无限继承主义立法,但在遗产支付不能、遗产不足时可以由继承人主张有限责任。在法国则是由继承人在继承开始后,从概括继承的无限责任、限定继承的有限责任或抛弃继承中选择一种方式。我国从《继承法》开始,就确立了当然限定继承主义立法,《民法典·继承编》继续沿袭此种制度。

当然限定继承主义又称法定限定继承主义,是指继承人于继承开始后若未放弃继承,则无须作出承认或选择,而由法律直接规定对遗产债务以遗产为限承担有限责任的立法模式。我国立法之所以采当然限定继承,是为避免父债子还之封建遗俗,坚持自己责任之立场,以免继承人无端背负债务,对继承人十分有利。对于被继承人之债权人的保护则不如无限继承周到。

二、限定继承的特征

限定继承有如下法律特征:

(一) 限定继承人以遗产价值为限承担有限责任

限定继承意味着继承人无须用自己的固有财产承担被继承人的债务。被继承人债务的责任财产仅限于遗产。在有的立法例中,继承人在继承开始前两年内,从被继承人受有财产之赠与者,该财产被视为其所得遗产。我国立法中缺乏此种保全遗产的专门规定,但被继承人对继承人或第三人的生前赠与,若侵害债权人之债权,可以依据债权人撤销权予以撤销,使之归回遗产。

遗产债务若为特定之债,可以直接交付特定物;若为种类之债,如欠 10 万元借款,而遗产为房屋等特定物,就需要对遗产价值进行评估或拍卖遗产后清偿。我国立法对此未作具体规定,可以参考《日本民法典》第 932 条、第 933条之规定。即:清偿债务需要将遗产变价时应当拍卖,但可以按照法院选任的鉴定人的评估,以清偿遗产的价额而阻止拍卖。

(二) 限定继承须确保遗产与继承人固有财产之分离

限定继承系以继承遗产为限而承担有限责任,须确保遗产范围清晰,防止与继承人固有财产发生混合而无法辨别。方式通常有三:其一,根据遗产债权人或受遗赠人的请求而将遗产分离。例如,《日本民法典》第 941 条至第 950条专门对遗产的分离作出规定。债权人或受遗赠人自继承开始后 3 个月内可以向家事法院请求将遗产从继承人财产中分离。在遗产与继承人固有的财产未混合前即使期间届满后,也可以请求分离。遗产分离后,就会引起申请人发出公告、其他债权人或受遗赠人申报、选任遗产管理人、公平清偿等一系列法律程序。继承人可以通过用固有财产进行清偿或提供担保来防止遗产分离请求的提出。其二,限定继承人或遗产管理人制作遗产清单。通过制作遗产清单,以达到明确遗产与继承人固有财产相区别的目的。各国继承法通常将在法定期限内制作并向法院提交遗产清单作为限定继承的前提条件。如《德国民法典》第 2005 条规定,继承人故意造成遗产清册中包含的对遗产标的记载显著不完备或出于使遗产债权人受不利益的意图而记入不存在的遗产债务的,继承人就遗产债务承担无限责任。《民法典·继承编》虽规定遗产管理人有制作遗产清单的职责,但没有将制作遗产清单作为限定继承的前提条件。在当然限定继承主义立法中,如果因遗产清单的不当制作导致遗产债权人损害的,以遗产管理人有故意或重大过失为要件而承担赔偿责任为救济方式。其三,继承人与被继承人之间的债权债务等权利义务不发生混同。被继承人生前如果与继承人之间存在债权债务关系,由于概括继承的法律效果,会使继承人集债权与债务于一身,发生债之混同。但在限定继承中,为区分遗产与继承人的固有财产,各国继承法均规定在限定继承的场合不适用混同消灭的债法规则。例如,《德国民法典》第 1976 条规定:已命令遗产管理或已开始遗产支付不能程序的,因继承的开始以权利与债务或权利与负担相混同的方式消灭的法律关系,视为不消灭。《日本民法典》第 925 条规定:“继承人表示限定承认后,该继承人对被继承人的权利义务视为不消灭。”《民法典·继承编》虽无此规定,但法理相同。

（三）继承人负有公平清偿的责任

限定继承中,如果遗产不足以清偿遗产债务,就会发生类似破产清算的情况。继承人或遗产管理人须依据清偿顺序以及清偿比例,对遗产债务进行公平清偿。继承人或遗产管理人应当发布继承公告,遗产债权人、受遗赠人等权利人申报权利。在公告期满前,继承人有权拒绝债权人个别清偿的请求。公告期满后,应当按照债权的优先顺序依次清偿。同一顺序的债权不足以全额清偿的,按照债权所占比例分配。没有申报的债权只能由剩余遗产清偿。《民法典·继承编》没有规定遗产债务的清偿顺序,可以比照我国《破产法》第 113 条的规定并结合继承的特点,依照下列顺序清偿:(1)继承费用(包括无支付义务人时的被继承人的丧葬费用);(2)被继承人所欠雇员的工资、医疗或伤残补偿金等劳务报酬方面的债权;(3)被继承人欠缴的税款;(4)普通遗产债务。未到期的债权各国立法通常规定视为到期债权进行清偿。对于附条件债权或存续期间不确定的债权,《日本民法典》第 930 条第 2 款规定,按照家庭法院选任的鉴定人的评价进行清偿。我国也可以借鉴该规定,采用评估的方式确定清偿额。

《民法典·继承编》没有规定遗产清算与公平清偿的程序,有立法过于简约之嫌。但由于民法典增加规定了遗产管理人有制作遗产清单并处理被继承人的债权债务的职责,而遗产管理人通常由继承人全体或被推举的继承人担任,所以继承人或遗产管理人仍负担清算与公平清偿的责任。在履行职责时可以参考前述公平清偿程序进行。我国民法典没有关于未申报的债权由剩余遗产清偿的规定,继承人或遗产管理人的法律风险较高,若遗漏债权或未对优先债权清偿,则可能面对用固有财产赔偿的风险。

(四) 发生限定继承抗辩权

被继承人的债权人诉请清偿其债权时,继承人可以基于限定继承之有限责任,行使抗辩权,拒绝以其固有财产清偿债务的请求。由于继承人可以自愿以固有财产清偿超过遗产价值的债务,因此,法院不能依职权直接驳回债权人的请求。继承人应当通过行使抗辩权避免承担超过遗产价值的债务。我国法律虽未明确规定,但应理解为法理相同。

三、限定继承之例外

(一) 自愿偿还

如果遗产债务超过遗产实际价值,继承人可以自愿偿还而不受限定继承之约束。一方面是对继承人意思自治的尊重,另一方面是因为对债权人有益无害。本条规定的继承人自愿偿还超出遗产实际价值的债务,不同于国外法律中的"意定无限责任继承"。意定无限责任继承是继承人对概括继承的所有遗产债务承担无限责任的意思表示,属于要式法律行为。而继承人自愿偿还债务,是对个别遗产债务承担无限责任的意思表示,也包括实际进行了清偿的事实状态。对个别遗产债务超过遗产价值的自愿偿还,不意味着对其他遗产债务都有无限清偿义务。继承人对个别遗产债务自愿作出无限清偿的意思表示的,基于诚信原则而有法律约束力。自愿清偿的遗产债务尚未到期者,可以不视为已经到期,不必期前清偿。如果继承人已经为超过遗产价值的清偿,不发生不当得利返还请求权。如果是共同继承,部分继承人自愿偿还的意思表示,不能拘束其他继承人。

（二）放弃继承

依据本条第 2 款,继承人放弃继承的,对被继承人依法应当缴纳的税款和债务可以不负清偿责任。继承人放弃继承权相当于该继承人自始不存在,不承担遗产债务。

（三）共同债务

如果债务是被继承人与继承人的共同债务,则超出遗产价值的部分,债权人可以基于该债务的性质,向继承人主张按份责任或连带责任。被继承人生前为继承人的需要所欠的债务,仅在司法判断继承人为债务人后,继承人始负以固有财产清偿的责任。被继承人因继承人未尽扶养义务所欠的债务,基于债的相对性和专属性,债权人不能向继承人主张权利,仍适用限定继承规则。

除此之外,还有关于三种发生法定无限清偿责任的事由:隐匿遗产情节严重;在遗产清册为虚伪记载情节严重;意图诈害被继承人之债权人之权利而为遗产之处分,《民法典·继承编》没有类似的法定无限清偿责任的规定,发生此类情形,对债权人造成损害的,虽不影响继承人的限定继承,但可以向遗产管理人请求损害赔偿。

第一千一百六十二条   执行遗赠不得妨碍清偿遗赠人依法应当缴纳的税款和债务。

释　义

本条是执行遗赠的规定。

由于遗赠与继承之间的差异,受遗赠人不是概括继承的主体,不发生清偿被继承人(遗赠人)所负债务的法定责任。因此,前条规定的"继承人以所得遗产实际价值为限清偿被继承人依法应当缴纳的税款和债务"的规则,不适用于受遗赠人。受遗赠人接受遗赠时,除非遗嘱对遗赠负有负担或条件,法律并不像对继承人那样使其负有限定继承上的诸多责任。为使遗赠与限定继承相区别,本条专门对执行遗赠时,如何协调与遗产债权人之间的权利冲突,作出规定。

本条包含以下几层含义:首先,受遗赠人虽不承担清偿遗产债务的有限责任,但不得妨碍遗赠人所欠税款和债务的清偿。不妨碍清偿不同于受遗赠人直接负担清偿义务,两者不能混淆。其次,遗赠的执行劣后于遗产债权的清偿。继承人、遗产管理人或遗嘱执行人应当在清偿遗赠人应当缴纳的税款和债务后,始得执行遗赠。最后,如果因清偿遗赠人所欠税款或债务而导致执行遗赠的遗产不足的,应当对遗赠的数额进行扣减,以达到不妨碍清偿遗赠人债务之目的。如果偿还债务后遗产已无剩余,则遗赠不再执行。遗赠若附负担,因清偿债务而使遗赠价额减少的,负担应按照相应比例而免除。《日本民法典》第1003条有此立法例可供参考。若遗赠的标的为特定物,该特定物又是遗赠人所负债务之标的,则因清偿债务而使得该特定物被他人所有的,遗赠失去标的而无效。以种类物为遗赠标的的,不影响遗赠的效力。

第一千一百六十三条　既有法定继承又有遗嘱继承、遗赠的,由法定继承人清偿被继承人依法应当缴纳的税款和债务;超过法定继承遗产实际价值部分,由遗嘱继承人和受遗赠人按比例以所得遗产清偿。

释　义

本条是关于遗产债务清偿责任的承担顺序的规定。

本条最初规定于《继承法意见》第62条,原条文的适用前提被限定于“遗产已被分割而未清偿债务”的场合,《民法典》删除了该限制并在表述上加以调整,使本条适用范围扩张至遗产分割之前。原因在于无论是遗产分割前,还是遗产分割后,被继承人所欠税款和债务都首先由法定继承部分的遗产清偿,超过法定继承遗产实际价值的部分,才由遗嘱继承人和受遗赠人按比例以所得遗产清偿。该规则并不因遗产分割与否而有不同。本条旨在协调限定继承立法背景下遗产债权人的债权与继承权、受遗赠权之间的效力关系。对被继承人生前所欠税款和债权的清偿优先于遗嘱继承和遗赠的执行,法定继承权的效力劣后于遗嘱继承权和受遗赠权。被继承人生前财产是清偿应当缴纳的税款和债务的责任财产,被继承人死亡时其遗产由其继承人概括继承,其生前所欠税款和债务依然是遗产上的负担,继承人对积极财产和消极财产一并概括承受。法定继承部分的遗产首先用于清偿债务,是对被继承人终意的尊重,符合遗嘱自由原则。在价值排序上,对债权人利益的保护优先于遗嘱自由。

原则上只有清偿遗产债务后剩余的遗产，才能执行遗赠或在继承人间分配。未清偿遗产债务而将遗产分配的，不影响债权人优先于遗嘱继承和遗赠而实现债权的效力。

本条涉及数个继承人共同继承时清偿遗产债务的责任形态问题；还涉及被继承人的债权人对受遗赠人的请求权基础问题。由于该条没有直接加以规定，因此有必要在法理上加以明确。

一、共同继承人清偿遗产债务的责任形态

共同继承人清偿遗产债务的责任形态是连带责任还是分别责任，学理上没有一致的通说。从《民法典·继承编》相关法律规定的逻辑结构看，折中说比较切合我国法律的实际规定。折中说认为，共同继承人于遗产分割前承担连带责任，遗产分割后承担分别责任。而且，对于法定继承人而言，遗嘱继承人和受遗赠人承担有限的补充责任。遗产分割与否虽不对债务清偿责任承担顺序发生影响，但对责任形态发生影响。

在遗产分割前，共同继承人对被继承人的债权人以全部遗产实际价值为限承担连带责任，即所谓"有限连带责任"。一方面，基于共同继承的规则，概括继承发生时包括法定继承人和遗嘱继承人在内的共同继承人全体对遗产的权利是共同共有或准共有。在外部关系上共有人对共有物上的债务承担连带清偿责任。另一方面，基于限定继承的规则，继承人以遗产的实际价值为限承担有限责任。因此，共同继承人承担责任的形态是有限连带责任，这意味着债权人可以请求共同继承人之一人、数人或全体承担不超过遗产实际价值的清偿责任。这与遗产继承纠纷案件中继承人是必要共同诉讼参加人不同。遗产之中有遗赠或者遗嘱继承的特定财产的，应先以其他遗产的价值清偿。若非以特定财产为遗赠或遗嘱继承之标的，则仅是将用于清偿的财产价值计算后，从法定继承部分扣除，不涉及特定财产处分问题。

遗产分割后，分得遗产的共同继承人对债权人承担何种责任，理论见解尚未形成共识。其中有代表性的是有限连带责任说和分别责任说。有限连带责任说认为在价值取向上，不能激励继承人通过分割遗产的方式逃避连带责任而降低对债权人的保护。因此，债权人仍可以向分得遗产的继承人中的一人、数人或全体请求清偿。分别责任说则认为遗产分割后，继承人全体对遗产的共有关系消灭，转为单独所有。基于共有关系的外部连带清偿责任失去存在

原因。此时继承人对于债权人的清偿责任从共同责任转为分别责任。有限连带责任学说有利于债权人的保护,比较合乎实质正义,但连带责任缺乏实证法上的依据。分别责任说有利于继承人的利益,合乎法律条文的文义,但对债权人保护不够周到。

从本条文义分析,"由遗嘱继承人和受遗赠人按比例以所得遗产清偿"一句,显然表明了按照比例计算出各自份额,分别承担清偿责任的立法意旨。法定继承人之间承担连带责任抑或分别责任,本条没有明确规定。但从条文逻辑的连贯性出发,通常也会解释为法定继承人之间也按比例以所得遗产清偿。例如,死者的债权人甲享有80万元的债权。法定继承人乙和丙各自分得遗产100万元。甲只能向乙、丙分别主张40万元的债权,而不能向其中一位继承人主张全部80万元的债权。

遗产分割与否对清偿责任的主体也会产生影响。首先,没有分得遗产的继承人不再是清偿遗产债务的主体。例如,遗产分割后遗嘱继承人甲取得遗产,而法定继承人乙没有取得遗产。乙因没有分得遗产的法律事实而产生债务不存在的永久性抗辩。债权人只能向甲请求清偿。其次,遗产分割前,遗嘱继承人和法定继承人承担连带责任。遗产分割后,债权人只能先就法定继承部分的遗产清偿,不足部分,才能就遗嘱继承和遗赠部分的遗产清偿。在程序法上虽可以将法定继承人、遗嘱继承人、受遗赠人作为共同被告提起一个诉讼,但在实体法上,遗嘱继承人和受遗赠人按所得遗产的比例清偿遗产债务,是在法定继承人之后,属于补充责任的性质。

二、被继承人的债权人对受遗赠人的请求权基础

在传统继承法原理中,受遗赠权是对继承人或遗嘱执行人的债权。受遗赠人不是概括继承的主体,不承担遗产债务清偿的责任。如何解释受遗赠人取得遗赠后的债务承担问题,有不当得利返还请求权、侵权损害赔偿请求权、继承法上返还不当受领的特别请求权等不同学说。由于受遗赠人受领遗赠有遗嘱依据,不成立不当得利;该请求权不以受遗赠人过错以及造成损害为要件,难为侵权损害赔偿;本条规定属于清偿责任而非返还不当受领责任,因此返还不当受领的特别请求权说也不适合本条规定之解释。由于本条是将遗嘱继承人和受遗赠人并列规定为按比例以所得遗产清偿债务的义务人,因此受遗赠人承担的是一种法定债务。之所以是法定债务,是因为:首先,从债的内

容看,受遗赠人并非返还不当受领的遗产或者损害赔偿,而是负担清偿遗嘱人生前债务的义务。其次,从债的发生原因看,受遗赠人虽与遗嘱继承人承担一定比例的清偿责任,但遗嘱继承人的责任产生于概括继承,即使遗产未分割也承担清偿责任;而受遗赠人的清偿义务并不来自概括继承,而是因其受领了遗赠,在受领遗赠前其本不负担清偿义务。因此,受遗赠人的清偿义务发生原因是遗产债务不足以被清偿前先行执行了遗赠的法律事实,从而依据本条发生的法定债务。从本条规定看,我国立法在受遗赠人承担清偿责任的规定上,突破了传统继承法理论。基于此规定,被继承人的债权人可以直接向受遗赠人行使清偿债务的请求权,从而有利于保护债权人并维护遗产债务公平分配原则。

责任编辑：王彦波
封面设计：林芝玉
版式设计：顾杰珍
责任校对：马　婕

图书在版编目（CIP）数据

《中华人民共和国民法典·继承编》释义/杨立新,郭明瑞 主编;孙毅,刘耀东
　编著. —北京:人民出版社,2020.6
ISBN 978－7－01－022150－2

Ⅰ.①中…　Ⅱ.①杨…②郭…③孙…④刘…　Ⅲ.①继承法-法律解释-中国
　Ⅳ.①D923.55

中国版本图书馆 CIP 数据核字（2020）第 099372 号

《中华人民共和国民法典·继承编》释义
ZHONGHUARENMINGONGHEGUO MINFADIAN JICHENGBIAN SHIYI

杨立新　郭明瑞　主编

孙毅　刘耀东　编著

人民出版社 出版发行
（100706　北京市东城区隆福寺街 99 号）

北京盛通印刷股份有限公司印刷　新华书店经销

2020 年 6 月第 1 版　2020 年 6 月北京第 1 次印刷
开本:710 毫米×1000 毫米 1/16　印张:9.5
字数:160 千字

ISBN 978－7－01－022150－2　定价:40.00 元

邮购地址 100706　北京市东城区隆福寺街 99 号
人民东方图书销售中心　电话 （010)65250042　65289539